これまでの漢字学習《かんじがくしゅう》での「なぞり書《が》き」は、うすく書《か》かれた漢字《かんじ》を全画数《ぜんかくすう》なぞるものが一般的《いっぱんてき》でした。これは書《か》き始《はじ》めるときの抵抗感《ていこうかん》が少《すく》なく、丁寧《ていねい》さや集中力《しゅうちゅうりょく》も身《み》につく方法《ほうほう》ですが、写《うつ》すだけになってしまう子《こ》もいました。

そこで、「書《か》き順《じゅん》がわかる」「よくある間違《まちが》いがわかる」「字形《じけい》がわかる」、この三《みっ》つを意識《いしき》して、意図的《いとてき》にうすい字《じ》を一部《いちぶ》だけ残《のこ》した各漢字《かくかんじ》の「イチブなぞり」を開発《かいはつ》しました。

くり返《かえ》すことで自然《しぜん》と頭《あたま》の中《なか》で字形《じけい》や書《か》き順《じゅん》を思《おも》い浮《う》かべられ、より効果《こうか》を実感《じっかん》していただけると思《おも》います。

困《こま》っているあなたに、ぜひ届《とど》いてほしいです。

本書の効果と使い方

「イチブなぞり」のプラス効果《こうか》

・よくある間違《まちが》いが意識《いしき》でき、書《か》き順《じゅん》が身《み》に

・謎解《なぞと》き感覚《かんかく》で、記憶《きおく》が引《ひ》き出《だ》しやすくなる。

・自然《しぜん》と字全体《じぜんたい》のバランスがとれ、美《うつく》しい字《じ》になる。

効果《こうか》が実感《じっかん》できる、たしかめ問題《もんだい》を収録《しゅうろく》

・復習《ふくしゅう》でも同《おな》じように「イチブなぞり」を使《つか》うことで、記憶《きおく》に定着《ていちゃく》しやすくなる。

漢字《かんじ》を楽《たの》しみながら、なぞる問題《もんだい》も収録《しゅうろく》

・ゲーム仕立《じた》ての問題《もんだい》で、漢字《かんじ》の力《ちから》を確《たし》かめられる。

（ここでは、書《か》き順《じゅん》や字形《じけい》よりも、楽《たの》しさ重視《じゅうし》で作成《さくせい》しています）

書《か》き順《じゅん》や書《か》き方《かた》がわかりやすい！

字形《じけい》がキレイになるように、記号《きごう》をつけています。

とめ

はね

はらい

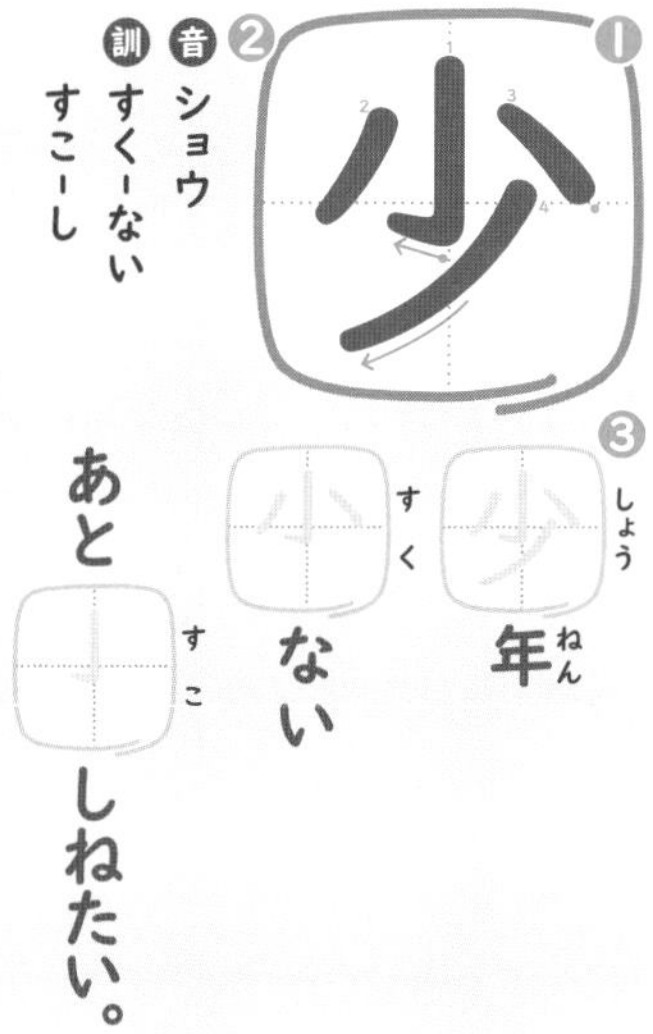

❷ 読《よ》み方《かた》が一目《ひとめ》でわかる！

カタカナ…音読《おんよ》み

ひらがな…訓読《くんよ》み

（-の後《あと》は、送《おく》りがな）

（ ）…中学以降《ちゅうがくいこう》で習《なら》う読《よ》み方《かた》

※…特別《とくべつ》な読《よ》み方《かた》

❸ 「ゼンブなぞり」と「イチブなぞり」

「ゼンブなぞり」で、字《じ》の形《かたち》をつかみ、その後《ご》、「イチブなぞり」で間違《まちが》いやすい書《か》き順《じゅん》を意識《いしき》できます。字形《じけい》も自然《しぜん》と意識《いしき》されて、キレイな字《じ》になりやすくなります。

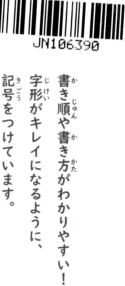

もくじ

学習《がくしゅう》をおえたページのマスには、○をつけましょう。

かん字 1-①

1年のふくしゅう ①

□ つぎの文《ぶん》を読《よ》んで、―を引《ひ》いたかん字《じ》の読《よ》みを（　）にかきましょう。

① あめ玉《だま》が一つある。（　）（　）

② 左《ひだり》、右、左《ひだり》と見《み》る。（　）（　）

③ 雨天《てん》でえんき。（　）

④ ノートに円をかく。（　）

⑤ 王さまがかわる。（　）

⑥ すきな音がく。（　）

⑦ 木《き》の下でまつ。（　）

⑧ 山《やま》火じのニュース。（　）

⑨ お花をそだてた。（　）

⑩ 貝の入《はい》ったスープ。（　）

⑪ かん字《じ》を学ぶ。（　）

⑫ しっ気になやむ。（　）

⑬ 石《いし》を九つひろった。（　）

⑭ 休けいをはさむ。（　）

⑮ ほう玉をみがく。（　）

⑯ 金ぞくのおもちゃ。（　）

⑰ よい空気《き》をすう。（　）

⑱ まん月とおだんご。（　）

⑲ 犬えんのなか。（　）

⑳ こうじょう見学《がく》。（　）

かん字
1－②

1年のふくしゅう ②

つぎの文《ぶん》を読《よ》んで、――を引《ひ》いたかん字《じ》の読《よ》みを（　）にかきましょう。

① 五つかぞえる。（　）

② 人《じん》口がふえる町《まち》。（　）

③ 校しゃに入《はい》る。（　）

④ 左にまがる。（　）

⑤ 三まいのおふだ。（　）

⑥ いえのちかくの山。（　）

⑦ しんせきの子ども。（　）

⑧ 木《き》を四本《ほん》きる。（　）

⑨ 糸でぬう。（　）

⑩ 字のとくちょう。（　）

⑪ じごく耳といわれる。（　）

⑫ 七いろのにじ。（　）

⑬ 車のトランク。（　）

⑭ うんてん手になる。（　）

⑮ ふろで十かぞえる。（　）

⑯ えん足《そく》に出ぱつする。（　）

⑰ あこがれの女の子《こ》。（　）

⑱ 小さい犬《いぬ》とあそぶ。（　）

⑲ 字《じ》が上たつする。（　）

⑳ 森にかくれる。（　）

かん字
1-③

1年のふくしゅう ③

□ つぎの文《ぶん》を読《よ》んで、―を引《ひ》いたかん字《じ》の読《よ》みを（　）にかきましょう。

① ドイツ人のともだち。（　　）

② 水にながす。（　　）

③ クイズに正かいした。（　　）

④ 生たまごをたべる。（　　）

⑤ 青い空《そら》。（　　）

⑥ 夕がたに下校《げこう》する。（　　）

⑦ 石をつみ上《あ》げる。（　　）

⑧ 赤しんごうでとまる。（　　）

⑨ 千人《にん》の子《こ》ども。（　　）

⑩ 川にかかるはし。（　　）

⑪ 先とうに立《た》つ。（　　）

⑫ 早ちょうのたいそう。（　　）

⑬ 休日《きゅうじつ》の草むしり。（　　）

⑭ くつを一《いっ》足かう。（　　）

⑮ 村ちょうにあう。（　　）

⑯ 大じな人《ひと》。（　　）

⑰ 男子《し》とはなす。（　　）

⑱ 竹林《りん》に入《はい》る。（　　）

⑲ はこの中にしまう。（　　）

⑳ さっ虫ざい。（　　）

かん字
1-④

1年のふくしゅう④

つぎの文《ぶん》を読《よ》んで、―を引《ひ》いたかん字《じ》の読《よ》みを（　）にかきましょう。

① 町立《りつ》のとしょかん。（　）

② 天を見《み》上《あ》げる。（　）（　）

③ 田えんふうけい。（　）

④ 土をほる。（　）

⑤ 二じかん目《め》。（　）

⑥ 一日《いち》のスケジュール。（　）

⑦ たてものに入る。（　）

⑧ 年こしそば。（　）

⑨ 白せんをひく。（　）

⑩ 八つのほし。（　）

⑪ 百までかぞえる。（　）

⑫ さく文をかく。（　）

⑬ ログハウスの木。（　）

⑭ 木《き》のね本。（　）

⑮ 人《ひと》の名まえをきく。（　）

⑯ 目力《ぢから》のつよい人《ひと》。（　）

⑰ 立ちばなしをする。（　）

⑱ ふう力はつでん。（　）

⑲ 竹《たけ》の林を見《み》つける。（　）

⑳ 六つのやくそく。（　）

かん字 1-⑤

1年のふくしゅう ⑤

■ つぎの文《ぶん》を読《よ》んで、□にあてはまるかん字《じ》を頭《あたま》の中《なか》でおもいうかべてからかきましょう。

① あめ玉《だま》が□《ひと》つある。

② 左《ひだり》、右《みぎ》、左《ひだり》と見《み》る。

③ 雨《う》天《てん》でえんき。

④ ノートに円《えん》をかく。

⑤ 王《おう》さまがかわる。

⑥ すきな音《おん》がく。

⑦ 木《き》の下《した》でまつ。

⑧ 山《やま》火《か》じのニュース。

⑨ お花《はな》をそだてた。

⑩ 貝《かい》の入《はい》ったスープ。

⑪ かん字《じ》を学《まな》ぶ。

⑫ しっ気《け》になやむ。

⑬ 石《いし》を九《ここの》つひろった。

⑭ 休《きゅう》けいをはさむ。

⑮ ほう王《ぎょく》をみがく。

⑯ 金《きん》ぞくのおもちゃ。

⑰ よい空《くう》気《き》をすう。

⑱ まん月《げつ》とおだんご。

⑲ 大《けん》えんのなか。

⑳ こうじょう見《けん》学《がく》。

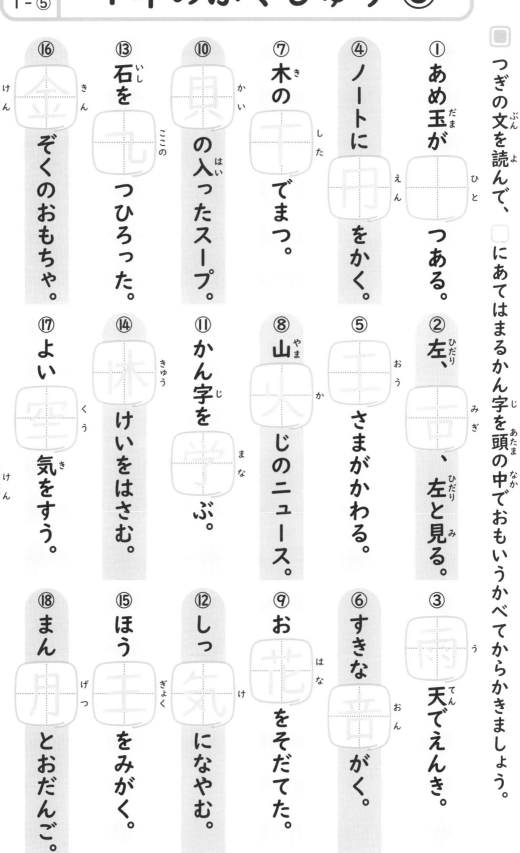

かん字 1-⑥

1年のふくしゅう ⑥

□ つぎの文《ぶん》を読《よ》んで、□にあてはまるかん字《じ》を頭《あたま》の中《なか》でおもいうかべてからかきましょう。

① 五《いつ》つかぞえる。

② 人《じん》口《こう》がふえる町《まち》。

③ 校《こう》しゃに入《はい》る。

④ 左《ひだり》にまがる。

⑤ 三《さん》まいのおふだ。

⑥ いえのちかくの山《やま》。

⑦ しんせきの子《こ》ども。

⑧ 木《き》を四《よん》本《ほん》きる。

⑨ 糸《いと》でぬう。

⑩ 字《じ》のとくちょう。

⑪ じごく耳《みみ》といわれる。

⑫ 七《なな》いろのにじ。

⑬ 車《くるま》のトランク。

⑭ うんてん手《しゅ》になる。

⑮ ふろで十《じゅう》かぞえる。

⑯ えん足《そく》に出《しゅっ》ぱつする。

⑰ あこがれの女《おんな》の子《こ》。

⑱ 小《ちい》さい犬《いぬ》とあそぶ。

⑲ 字《じ》が上《じょう》たつする。

⑳ 森《もり》にかくれる。

1年のふくしゅう ⑦

つぎの文《ぶん》を読《よ》んで、□にあてはまるかん字《じ》を頭《あたま》の中《なか》でおもいうかべてからかきましょう。

① ドイツ人《じん》のともだち。

② 水《みず》にながす。

③ クイズに正《せい》かいした。

④ 生《なま》たまごをたべる。

⑤ 青《あお》い空《そら》。

⑥ 夕《ゆう》がたに下校《げこう》する。

⑦ 石《いし》をつみ上《あ》げる。

⑧ 赤《あか》しんごうでとまる。

⑨ 千《せん》人《にん》の子《こ》ども。

⑩ 川《かわ》にかかるはし。

⑪ 先《せん》とうに立《た》つ。

⑫ 早《そう》ちょうのたいそう。

⑬ 休日《きゅうじつ》の草《くさ》むしり。

⑭ くつを一《いっ》足《そく》かう。

⑮ 村《そん》ちょうにあう。

⑯ 大《だい》じな人《ひと》。

⑰ 男《だん》子《し》とはなす。

⑱ 竹《ちく》林《りん》に入《はい》る。

⑲ はこの中《なか》にしまう。

⑳ さっ虫《ちゅう》ざい。

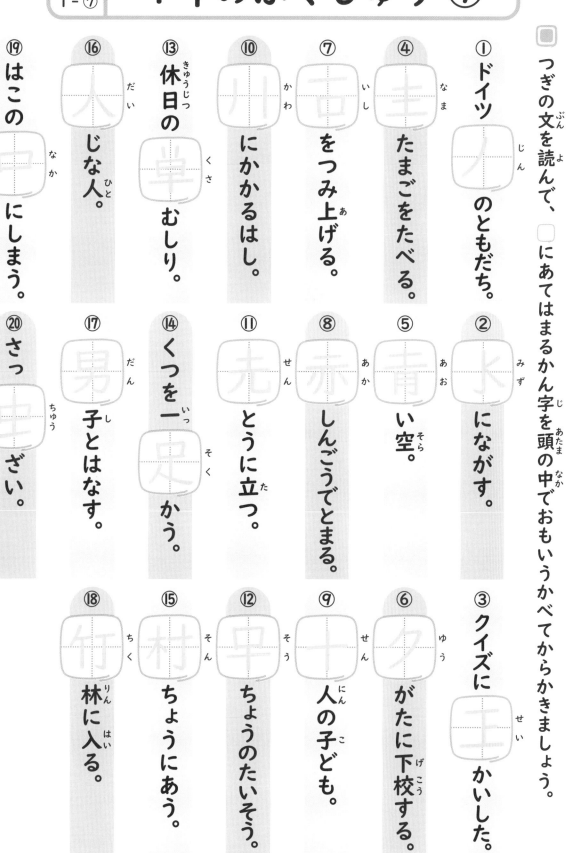

かん字 1-⑧

1年のふくしゅう ⑧

つぎの文《ぶん》を読《よ》んで、□にあてはまるかん字《じ》を頭《あたま》の中《なか》でおもいうかべてからかきましょう。

① 町《ちょう》立《りつ》のとしょかん。

② 天《てん》を見上《みあ》げる。

③ 田《でん》えんふうけい。

④ 土《つち》をほる。

⑤ 二《に》じかん目《め》。

⑥ 一《いち》日《にち》のスケジュール。

⑦ たてものに入《はい》る。

⑧ 年《とし》こしそば。

⑨ 白《はく》せんをひく。

⑩ 八《やっ》つのほし。

⑪ 百《ひゃく》までかぞえる。

⑫ さく文《ぶん》をかく。

⑬ ログハウスの木《き》。

⑭ 木《き》のね本《もと》。

⑮ 人《ひと》の名《な》まえをきく。

⑯ 目《め》力《ぢから》のつよい人《ひと》。

⑰ 立《た》ちばなしをする。

⑱ ふう力《りょく》はつでん。

⑲ 竹《たけ》の林《はやし》を見《み》つける。

⑳ 六《むっ》つのやくそく。

かん字 1-⑨

かん字ぶぶんみつけ！

つぎのわく内《ない》の□には、それぞれ同《おな》じぶぶんがあてはまります。
[ ]からあてはまるぶぶんをえらんで、かん字《じ》をかんせいさせましょう。

日　イ　人　子　口　目

かん字 2-①

引・羽・雲・園

手本《てほん》のかん字《じ》をゆびでなぞります。□にはかん字《じ》を頭《あたま》の中《なか》でおもいうかべてからかきましょう。

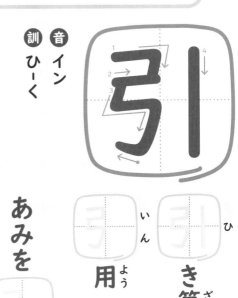

引

音 イン
訓 ひ-く

引《ひ》き算《ざん》
引《いん》用《よう》
あみを引《ひ》く。

雲

音 ウン
訓 くも

雲《うん》海《かい》
雲《うん》てい
黒《くろ》い雨《あま》雲《ぐも》。

羽

音 (ウ)
訓 は はね

羽《は》音《おと》
百《ひゃっ》羽《ぱ》
羽《はね》をのばす。

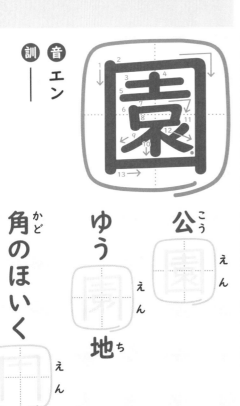

園

音 エン
訓 ―

公《こう》園《えん》
ゆう園《えん》地《ち》
角《かど》のほいく園《えん》。

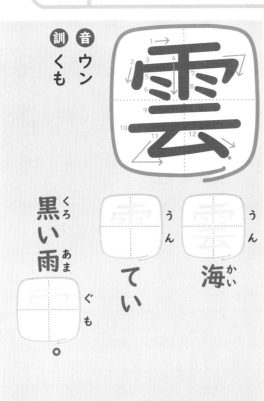

かん字 2-②

遠・何・科・夏

手本《てほん》のかん字《じ》をゆびでなぞります。□にはかん字《じ》を頭《あたま》の中《なか》でおもいうかべてからかきましょう。

遠

音 エン
訓 とお-い

□《えん》足《そく》

□《えん》近《きん》

□《とお》いところ。

科

音 カ
訓 —

□《か》学《がく》

生活《せいかつ》□《か》

すきな□《か》目《もく》。

何

音 （カ）
訓 なに ※なん

□《なに》ごと

□《なん》人《にん》

□《なに》食《く》わぬ顔《かお》。

夏

音 カ
訓 なつ

しょ□《か》

□《なつ》休《やす》み

遠《とお》い□《なつ》の日《ひ》。

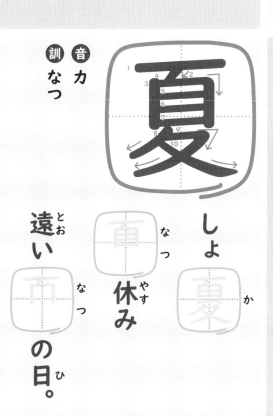

かん字 2-③ 家・歌・画・回

手本《てほん》のかん字《じ》をゆびでなぞります。□にはかん字《じ》を頭《あたま》の中《なか》でおもいうかべてからかきましょう。

家

音 カ ケ

訓 いえ や

家《か》ぞく

家《け》来《らい》

家《いえ》に帰《かえ》る。

歌

音 カ

訓 うた うた-う

歌《か》手《しゅ》

校《こう》歌《か》

歌《うた》声《ごえ》がひびく。

画

音 ガ カク

訓 ―

名《めい》画《が》

画《が》用《よう》紙《し》

画《かく》数《すう》を数《かぞ》える。

回

音 カイ

訓 まわ-す

回《かい》数《すう》

今《こん》回《かい》

こまを回《まわ》す。

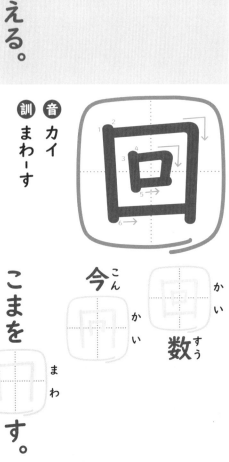

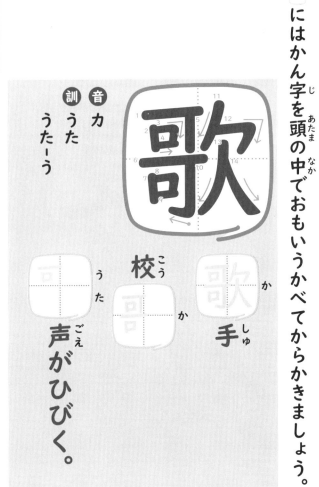

かん字 2-④

会・海・絵・外

手本《てほん》のかん字《じ》をゆびでなぞります。

□にはかん字《じ》を頭《あたま》の中《なか》でおもいうかべてからかきましょう。

会

音 カイ
訓 あ-う

会《かい》長《ちょう》

会《かい》話《わ》

友《とも》だちと会《あ》う。

絵

音 カイ エ
訓 ―

絵《え》本《ほん》

ぬり絵《え》

絵《かい》画《が》を見《み》る。

海

音 カイ
訓 うみ

海《かい》水《すい》

日《に》本《ほん》海《かい》

海《うみ》の生《い》きもの。

外

音 ガイ
訓 そと ほか はず-す

外《がい》出《しゅつ》

外《はず》す

まどの外《そと》。

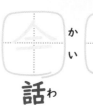

かん字 2-⑤

角・楽・活・間

□手本《てほん》のかん字《じ》をゆびでなぞります。□にはかん字《じ》を頭《あたま》の中《なか》でおもいうかべてからかきましょう。

角

音 カク
訓 かど　つの

三《さん》角《かく》形《けい》

牛《うし》の角《つの》

つくえの□《かど》。

楽

音 ガク　ラク
訓 たの-しい

音《おん》楽《がく》

□《らく》園《えん》

□《たの》しい歌《うた》。

活

音 カツ
訓 ―

活《かつ》力《りょく》

□《かっ》気《き》

生《せい》□《かつ》科《か》の本《ほん》。

間

音 カン　ケン
訓 あいだ　ま

人《にん》間《げん》

時《じ》□《かん》

空《そら》と海《うみ》の□《あいだ》。

読みのたしかめ

□ つぎの文《ぶん》を読《よ》んで、――を引《ひ》いたかん字《じ》の読《よ》みを（　）にかきましょう。

① 引き算《ざん》をする。（　）

② 百《ひゃっ》羽のつるをおる。（　）

③ 入道《にゅうどう》雲がわく。（　）

④ ようち園の先生《せんせい》。（　）

⑤ 遠い国《くに》に行《い》く。（　）

⑥ 何も知《し》らない人《ひと》。（　）

⑦ 科学《がく》しゃの母《はは》。（　）

⑧ 夏休《やす》みの思《おも》い出《で》。（　）

⑨ 空《あ》き家が多《おお》い。（　）

⑩ みんなで歌う。（　）

⑪ かん字《じ》の画数《すう》。（　）

⑫ 目《め》が回る。（　）

⑬ 会社《しゃ》につとめる。（　）

⑭ 海びらきのきせつ。（　）

⑮ 絵地図《ちず》を見《み》る。（　）

⑯ 外出《しゅつ》をひかえた年《とし》。（　）

⑰ まがり角の家《いえ》。（　）

⑱ 音《おん》楽を楽《たの》しむ。（　）

⑲ 毎日《まいにち》の生《せい》活。（　）

⑳ 気楽《きらく》な時《じ》間。（　）

かん字 2-⑦

書きのたしかめ①

つぎの文《ぶん》を読《よ》んで、□にあてはまるかん字《じ》を頭《あたま》の中《なか》でおもいうかべてからなぞりましょう。

① 引《ひ》き算《ざん》をする。

② 百《ひゃっ》羽《ぱ》のつるをおる。

③ 入道《にゅうどう》雲《ぐも》がわく。

④ ようち園《えん》の先生《せんせい》。

⑤ 遠《とお》い国《くに》に行《い》く。

⑥ 何《なに》も知《し》らない人《ひと》。

⑦ 科《か》学《がく》しゃの母《はは》。

⑧ 夏《なつ》休《やす》みの思《おも》い出《で》。

⑨ 空《あ》き家《や》が多《おお》い。

⑩ みんなで歌《うた》う。

⑪ かん字《じ》の画《かく》数《すう》。

⑫ 目《め》が回《まわ》る。

⑬ 会《かい》社《しゃ》につとめる。

⑭ 海《うみ》びらきのきせつ。

⑮ 絵《え》地図《ちず》を見《み》る。

⑯ 外《がい》出《しゅつ》をひかえた年《とし》。

⑰ まがり角《かど》の家《いえ》。

⑱ 音《おん》楽《がく》を楽《たの》しむ。

⑲ 毎日《まいにち》の生《せい》活《かつ》。

⑳ 気楽《きらく》な時《じ》間《かん》。

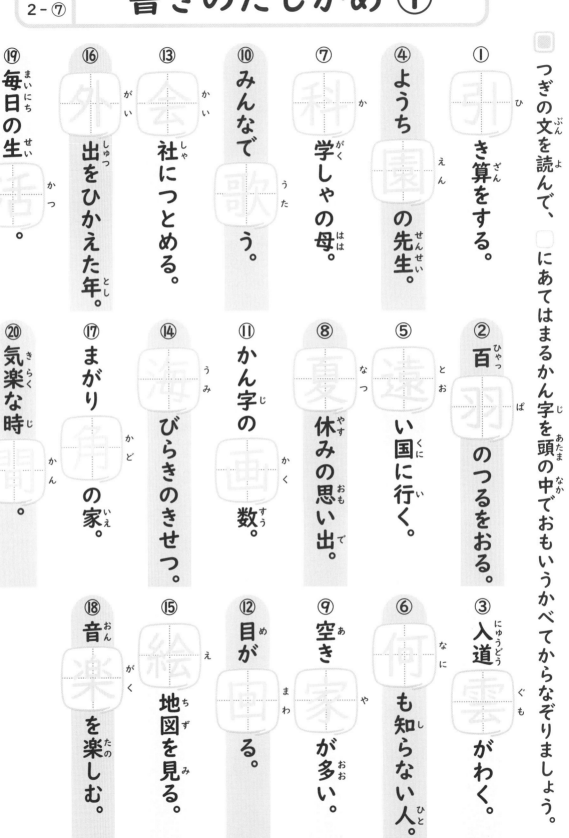

かん字
2-⑧

書きのたしかめ②

■ つぎの文《ぶん》を読《よ》んで、□にあてはまるかん字《じ》を頭《あたま》の中《なか》でおもいうかべてからかきましょう。

① □《ひ》き算《ざん》をする。

② 百《ひゃっ》□《ぱ》のつるをおる。

③ 入道《にゅうどう》□《ぐも》がわく。

④ ようち□《えん》の先生《せんせい》。

⑤ □《とお》い国《くに》に行《い》く。

⑥ □《なに》も知《し》らない人《ひと》。

⑦ □《か》学《がく》しゃの母《はは》。

⑧ □《なつ》休《やす》みの思《おも》い出《で》。

⑨ 空《あ》き□《や》が多《おお》い。

⑩ みんなで□《うた》う。

⑪ かん字《じ》の□《かく》数《すう》。

⑫ 目《め》が□《まわ》る。

⑬ □《かい》社《しゃ》につとめる。

⑭ □《うみ》びらきのきせつ。

⑮ □《え》地《ち》図《ず》を見《み》る。

⑯ □《がい》出《しゅつ》をひかえた年《とし》。

⑰ まがり□《かど》の家《いえ》。

⑱ 音《おん》□《がく》を楽《たの》しむ。

⑲ 毎日《まいにち》の生《せい》□《かつ》。

⑳ 気楽《きらく》な時《じ》□《かん》。

かん字 2-⑨

書きのたしかめ ③

□ つぎの文《ぶん》を読《よ》んで、□にあてはまるかん字《じ》を頭《あたま》の中《なか》でおもいうかべてからかきましょう。

① □《ひ》き算《ざん》をする。

② 百《ひゃっ》□《ぱ》のつるをおる。

③ 入道《にゅうどう》□《ぐも》がわく。

④ ようち□《えん》の先生《せんせい》。

⑤ □《とお》い国《くに》に行《い》く。

⑥ □《なに》も知《し》らない人《ひと》。

⑦ □《か》学《がく》しゃの母《はは》。

⑧ □《なつ》休《やす》みの思《おも》い出《で》。

⑨ 空《あ》き□《や》が多《おお》い。

⑩ みんなで□《うた》う。

⑪ かん字《じ》の□《かく》数《すう》。

⑫ 目《め》が□《まわ》る。

⑬ □《かい》社《しゃ》につとめる。

⑭ □《うみ》びらきのきせつ。

⑮ □《え》地図《ちず》を見《み》る。

⑯ □《がい》出《しゅつ》をひかえた年《とし》。

⑰ まがり□《かど》の家《いえ》。

⑱ 音《おん》□《がく》を楽《たの》しむ。

⑲ 毎日《まいにち》の生《せい》□《かつ》。

⑳ 気楽《きらく》な時《じ》□《かん》。

かん字
2-⑩

かん字みつけ！①

□ つぎの図《ず》の中《なか》から、今《こん》回《かい》学《がく》しゅうしたかん字《じ》を二《に》十《じゅう》字《じ》見《み》つけましょう。見《み》つけたかん字《じ》はなぞりましょう。

かん字
3-①

丸・岩・顔・汽

□手本《てほん》のかん字《じ》をゆびでなぞります。□にはかん字《じ》を頭《あたま》の中《なか》でおもいうかべてからかきましょう。

丸

音 ガン
訓 まる　まる-い

一《いち》丸《がん》

丸《まる》太《た》

丸《まる》いボール。

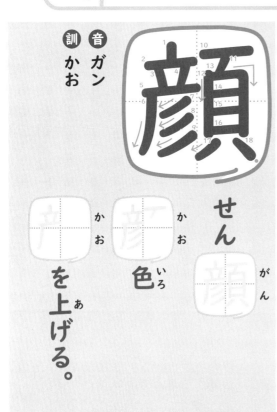

顔

音 ガン
訓 かお

せん顔《がん》

顔《かお》色《いろ》

顔《かお》を上《あ》げる。

岩

音 ガン
訓 いわ

岩《がん》石《せき》

火山《かざん》岩《がん》

けわしい岩《いわ》山《やま》。

汽

音 キ
訓 ―

汽《き》車《しゃ》

汽《き》船《せん》

汽《き》笛《てき》の音《おと》。

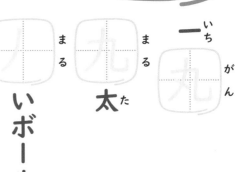

ゴール　スタート

かん字 3-②

記・帰・弓・牛

□ 手本《てほん》のかん字《じ》をゆびでなぞります。□にはかん字《じ》を頭《あたま》の中《なか》でおもいうかべてからかきましょう。

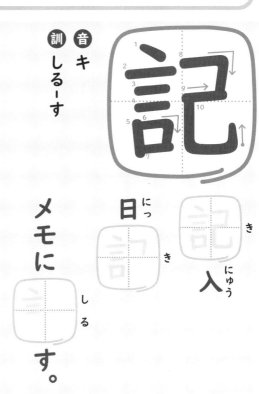

記

音 キ
訓 しる-す

□《き》入《にゅう》

日《にっ》□《き》

メモに□《しる》す。

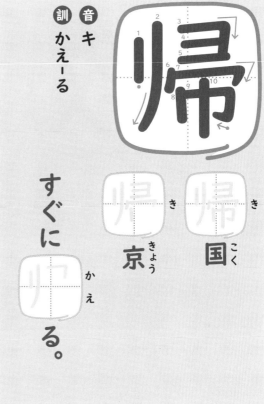

帰

音 キ
訓 かえ-る

□《き》国《こく》

□《き》京《きょう》

すぐに□《かえ》る。

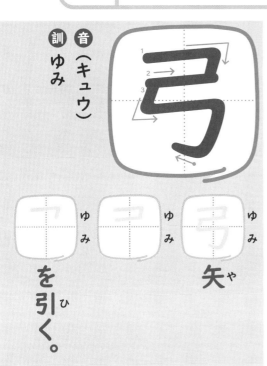

弓

音 (キュウ)
訓 ゆみ

□《ゆみ》矢《や》

□《ゆみ》

□《ゆみ》を引《ひ》く。

牛

音 ギュウ
訓 うし

□《ぎゅう》肉《にく》

水《すい》□《ぎゅう》

□《ぎゅう》にゅうをのむ。

かん字 3-③

魚・京・強・教

□ 手本《てほん》のかん字《じ》をゆびでなぞります。

□ にはかん字《じ》を頭《あたま》の中《なか》でおもいうかべてからかきましょう。

魚

音 ギョ

訓 うお　さかな

金《きん》□《ぎょ》

□《うお》市場《いちば》

□《さかな》売《う》り場《ば》。

強

音 キョウ

訓 つよ-い　つよ-まる

□《きょう》行《こう》

□《つよ》い人《ひと》

夜《よる》にべん□《きょう》する。

京

音 キョウ

訓 ―

東《とう》□《きょう》タワー

上《じょう》□《きょう》

□《きょう》とのお寺《てら》。

教

音 キョウ

訓 おし-える　おそ-わる

□《きょう》室《しつ》

□《きょう》科《か》

文字《もじ》を□《おし》える。

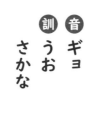

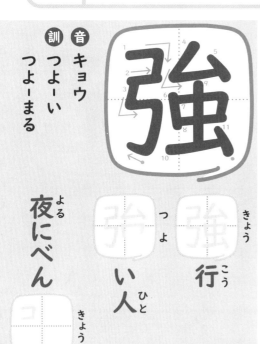

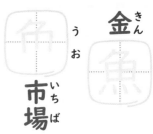

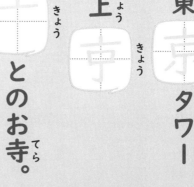

かん字 3-④

近・兄・形・計

□手本《てほん》のかん字《じ》をゆびでなぞります。□にはかん字《じ》を頭《あたま》の中《なか》でおもいうかべてからかきましょう。

近

音 キン
訓 ちか-い

遠《えん》［近］《きん》

［近］《ちか》道《みち》

夏《なつ》が［近］《ちか》い空《くう》気《き》。

形

音 ケイ ギョウ
訓 かた かたち

図《ず》［形］《けい》

人《にん》［形］《ぎょう》

ひし［形］《がた》のおかし。

兄

音 （ケイ） ※キョウ
訓 あに ※にい-さん

［兄］《きょう》弟《だい》

［兄］《あに》

［兄］《あに》と妹《いもうと》であそぶ。

計

音 ケイ
訓 はか-る

［計］《けい》算《さん》

［計］《けい》画《かく》

タイムを［計］《はか》る。

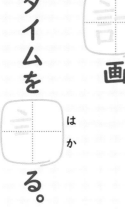

かん字 3-⑤ 元・言・原・戸

□手本《てほん》のかん字《じ》をゆびでなぞります。

□にはかん字《じ》を頭《あたま》の中《なか》でおもいうかべてからかきましょう。

元

音 ゲン ガン

訓 もと

元《げん》気《き》

火《ひ》の□《もと》

□《がん》日《じつ》に出《で》かける。

原

音 ゲン

訓 はら

野《の》原《はら》

草《そう》原《げん》

□《げん》こう用《よう》紙《し》。

言

音 ゲン ゴン

訓 い-う こと

一《ひと》言《こと》

□《い》う

方《ほう》□《げん》で話《はな》す。

戸

音 コ

訓 と

雨《あま》戸《ど》

□《こ》外《がい》

□《と》をしめる。

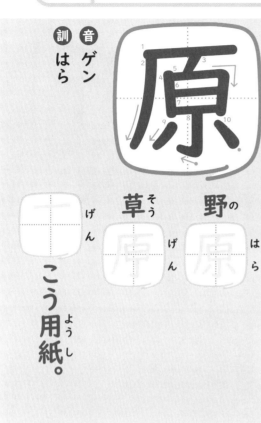

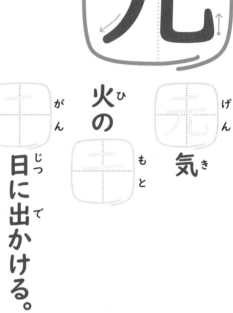

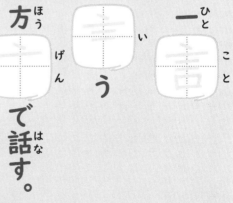

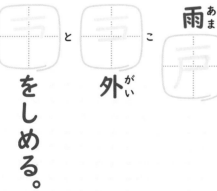

かん字 3-⑥

読みのたしかめ

□ つぎの文《ぶん》を読《よ》んで、——を引《ひ》いたかん字《じ》の読《よ》みを（　）にかきましょう。

① 目《め》を丸くする。（　　）

② 大《おお》きな丸《まる》い岩。（　　）

③ 顔色《いろ》がよい。（　　）

④ 汽車《しゃ》が走《はし》る。（　　）

⑤ 絵《え》日記《にっ》を書《か》く。（　　）

⑥ 家《いえ》に帰る。（　　）

⑦ 弓で矢《や》をいる。（　　）

⑧ 子《こ》牛が鳴《な》く。（　　）

⑨ 人《にん》魚ひめのお話《はなし》。（　　）

⑩ 東《とう》京のおみやげ。（　　）

⑪ 力《ちから》が強い。（　　）

⑫ 二年生《にねんせい》の教室《しつ》。（　　）

⑬ 近道《みち》を行《い》く。（　　）

⑭ 中学生《ちゅうがくせい》の兄。（　　）

⑮ 人《にん》形であそぶ。（　　）

⑯ 夏休《なつやす》みの計画《かく》。（　　）

⑰ 元気《き》を出《だ》す。（　　）

⑱ ひとり言が多《おお》い。（　　）

⑲ 野《の》原で走《はし》り回《まわ》る。（　　）

⑳ 雨《あま》戸をあける。（　　）

かん字 3-⑦

書きのたしかめ ①

□ つぎの文《ぶん》を読《よ》んで、□にあてはまるかん字《じ》を頭《あたま》の中《なか》でおもいうかべてからなぞりましょう。

① 目《め》を丸《まる》くする。

② 大《おお》きな丸《まる》い岩《いわ》。

③ 顔《かお》色《いろ》がよい。

④ 汽《き》車《しゃ》が走《はし》る。

⑤ 絵《え》日《にっ》記《き》を書《か》く。

⑥ 家《いえ》に帰《かえ》る。

⑦ 弓《ゆみ》で矢《や》をいる。

⑧ 子《こ》牛《うし》が鳴《な》く。

⑨ 人《にん》魚《ぎょ》ひめのお話《はなし》。

⑩ 東《とう》京《きょう》のおみやげ。

⑪ 力《ちから》が強《つよ》い。

⑫ 二《に》年生《ねんせい》の教《きょう》室《しつ》。

⑬ 近《ちか》道《みち》を行《い》く。

⑭ 中学生《ちゅうがくせい》の兄《あに》。

⑮ 人《にん》形《ぎょう》であそぶ。

⑯ 夏休《なつやす》みの計《けい》画《かく》。

⑰ 元《げん》気《き》を出《だ》す。

⑱ ひとり言《ごと》が多《おお》い。

⑲ 野《の》原《はら》で走《はし》り回《まわ》る。

⑳ 雨《あま》戸《ど》をあける。

かん字 3-⑧

書きのたしかめ ②

つぎの文《ぶん》を読《よ》んで、□にあてはまるかん字《じ》を頭《あたま》の中《なか》でおもいうかべてからかきましょう。

① 目《め》を□《まる》くする。

② 大《おお》きな丸《まる》い□《いわ》。

③ □《かお》色《いろ》がよい。

④ □《き》車《しゃ》が走《はし》る。

⑤ 絵《え》日《にっ》□《き》を書《か》く。

⑥ 家《いえ》に□《かえ》る。

⑦ □《ゆみ》で矢《や》をいる。

⑧ 子《こ》□《うし》が鳴《な》く。

⑨ 人《にん》□《ぎょ》ひめのお話《はなし》。

⑩ 東《とう》□《きょう》のおみやげ。

⑪ 力《ちから》が□《つよ》い。

⑫ 二《に》年《ねん》生《せい》の□《きょう》室《しつ》。

⑬ □《ちか》道《みち》を行《い》く。

⑭ 中《ちゅう》学《がく》生《せい》の□《あに》。

⑮ 人《にん》□《ぎょう》であそぶ。

⑯ 夏休《なつやす》みの□《けい》画《かく》。

⑰ □《げん》気《き》を出《だ》す。

⑱ ひとり□《ごと》が多《おお》い。

⑲ 野《の》□《はら》で走《はし》り回《まわ》る。

⑳ 雨《あま》□《ど》をあける。

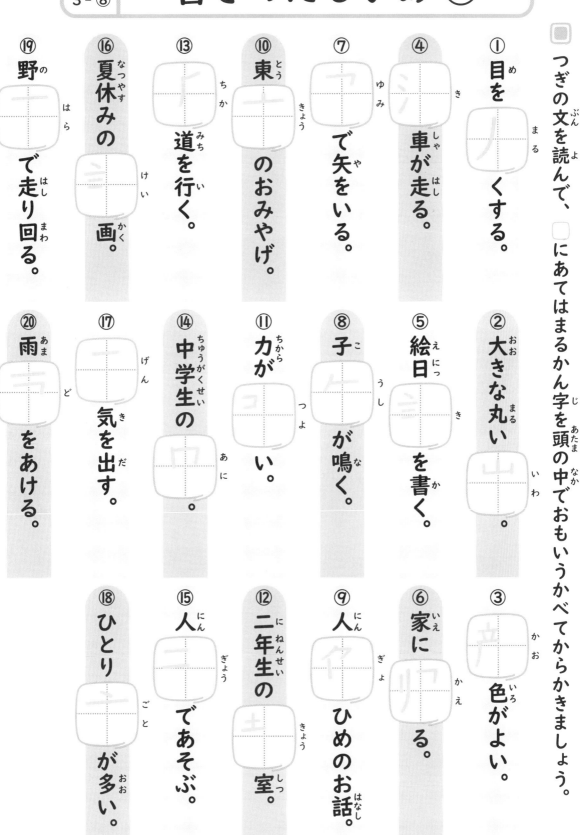

かん字 3-⑨

書きのたしかめ ③

□ つぎの文《ぶん》を読《よ》んで、□にあてはまるかん字《じ》を頭《あたま》の中《なか》でおもいうかべてからかきましょう。

① 目《め》を□《まる》くする。

② 大《おお》きな丸《まる》い□《いわ》。

③ □《かお》色《いろ》がよい。

④ □《き》車《しゃ》が走《はし》る。

⑤ 絵《え》日《にっ》□《き》を書《か》く。

⑥ 家《いえ》に□《かえ》る。

⑦ □《ゆみ》で矢《や》をいる。

⑧ 子《こ》□《うし》が鳴《な》く。

⑨ 人《にん》□《ぎょ》ひめのお話《はなし》。

⑩ 東《とう》□《きょう》のおみやげ。

⑪ 力《ちから》が□《つよ》い。

⑫ 二《に》年《ねん》生《せい》の□《きょう》室《しつ》。

⑬ □《ちか》道《みち》を行《い》く。

⑭ 中学生《ちゅうがくせい》の□《あに》。

⑮ 人《にん》□《ぎょう》であそぶ。

⑯ 夏休《なつやす》みの□《けい》画《かく》。

⑰ □《げん》気《き》を出《だ》す。

⑱ ひとり□《ごと》が多《おお》い。

⑲ 野《の》□《はら》で走《はし》り回《まわ》る。

⑳ 雨《あま》□《ど》をあける。

かん字 3-⑩

正しいかん字みつけ！①

■つぎのかん字《じ》は一画《いっかく》書《か》きたされた、まちがいかん字《じ》です。
正《ただ》しいかん字《じ》のぶぶんのみをなぞって、かん字《じ》を見《み》つけましょう。

がん　き　きょう　けい

がん　（きゅう）　きょう　げん

がん　ぎゅう　きん　げん

き　ぎょ　（けい）　げん

き　きょう　けい　こ

かん字 4-① 古・午・後・語

■手本《てほん》のかん字《じ》をゆびでなぞります。
□にはかん字《じ》を頭《あたま》の中《なか》でおもいうかべてからかきましょう。

古

音 コ
訓 ふる-い

古《ふる》い本《ほん》
古《ふる》時計《どけい》
古《こ》風《ふう》な人《ひと》。

後

音 ゴ・コウ
訓 のち・あと
うし-ろ

前《ぜん》後《ご》
後《こう》半《はん》
後《うし》ろ足《あし》で立《た》つ犬《いぬ》。

午

音 ゴ
訓 ―

正《しょう》午《ご》
午《ご》前中《ぜんちゅう》
午《ご》後《ご》十《じゅう》二《に》時《じ》。

語

音 ゴ
訓 かた-る

国《こく》語《ご》
もの語《がたり》
むかし話《ばなし》を語《かた》る。

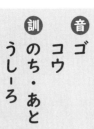

ゴール　スタート

かん字 4-②

工・公・広・交

手本《てほん》のかん字《じ》をゆびでなぞります。
□にはかん字《じ》を頭《あたま》の中《なか》でおもいうかべてからかきましょう。

工

音　コウ　ク
訓　―

図《ず》工《こう》
工《こう》作《さく》
大《だい》工《く》さん。

広

音　コウ
訓　ひろ-い　ひろ-まる　ひろ-がる

広《こう》こく
大《おお》広《ひろ》間《ま》
心《こころ》の広《ひろ》い人《ひと》。

公

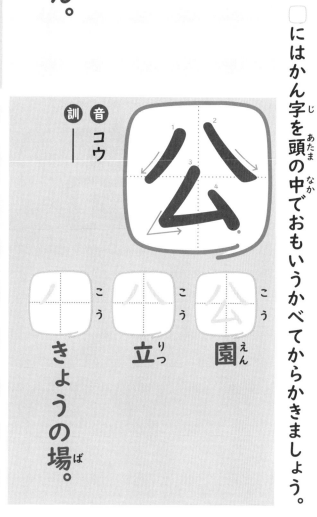

音　コウ
訓　―

公《こう》園《えん》
公《こう》立《りつ》
公《こう》きょうの場《ば》。

交

音　コウ
訓　まじ-わる　ま-じる

交《こう》通《つう》
交《ま》じる
道《みち》が交《まじ》わる。

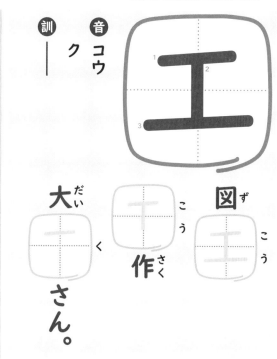

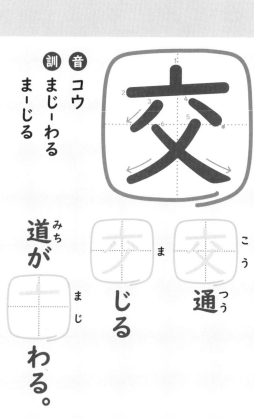

かん字
4－③

光・考・行・高

□手本《てほん》のかん字《じ》をゆびでなぞります。□にはかん字《じ》を頭《あたま》の中《なか》でおもいうかべてからかきましょう。

光

音 コウ
訓 ひか-る　ひかり

日《にっ》□《こう》

□《ひか》る玉《たま》

月《つき》の□《ひかり》をあびる。

行

音 コウ・ギョウ
訓 い-く　ゆ-く　おこな-う

通《つう》□《こう》

□《ぎょう》間《かん》

遠足《えんそく》に□《い》く。

考

音 コウ
訓 かんが-える

□《こう》古《こ》学《がく》

思《し》□《こう》

□《かんが》える人《ひと》。

高

音 コウ
訓 たか-い　たか

□《こう》原《げん》

□《こう》校《こう》

□《たか》い山《やま》。

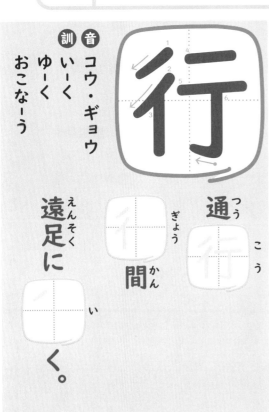

黄・合・谷・国

■手本《てほん》のかん字《じ》をゆびでなぞります。□にはかん字《じ》を頭《あたま》の中《なか》でおもいうかべてからかきましょう。

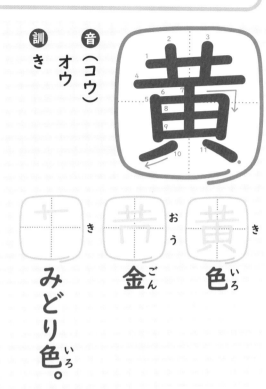

黄

音 （コウ） オウ
訓 き

黄《き》色《いろ》
黄《おう》金《ごん》
黄《き》みどり色《いろ》。

谷

音 （コク）
訓 たに

谷《たに》川《がわ》
谷《たに》ぞこ
ビルの谷《たに》間《ま》。

合

音 ゴウ・ガッ ※カッ
訓 あ-う あ-わす

合《ごう》計《けい》
合《がっ》しょう
気《き》が合《あ》う。

国

音 コク
訓 くに

天《てん》国《ごく》
国《こく》王《おう》
北《きた》の国《くに》。

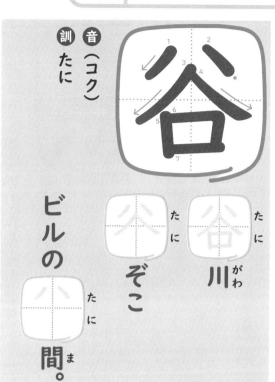

かん字 4-⑤

黒・今・才・細

□手本《てほん》のかん字《じ》をゆびでなぞります。□にはかん字《じ》を頭《あたま》の中《なか》でおもいうかべてからかきましょう。

黒

音 コク
訓 くろ
くろ-い

黒《くろ》いかみ
黒《くろ》字《じ》
黒《こく》とうあめ。

才

音 サイ
訓 ―

天《てん》才《さい》
才《さい》知《ち》
才《さい》のうがある。

今

音 コン
訓 いま

今《こん》後《ご》
今《こん》回《かい》
今《いま》すぐ行《い》く。

細

音 サイ
訓 ほそ-い
こま-かい

細《ほそ》い道《みち》
明《めい》細《さい》
細《こま》かい土《つち》。

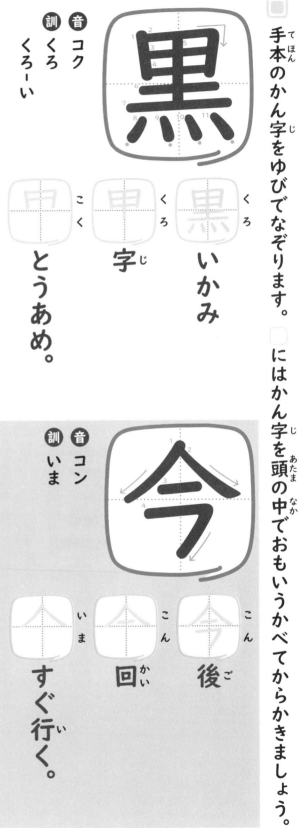

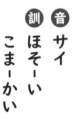

かん字 4－⑥

読みのたしかめ

□ つぎの文《ぶん》を読《よ》んで、――を引《ひ》いたかん字《じ》の読《よ》みを（　）にかきましょう。

① 古新聞《しんぶん》をくくる。（　）

② 午後《ご》から晴《は》れる。（　）

③ 前《ぜん》後左《さ》右《ゆう》を見《み》る。（　）

④ 国《こく》語の時間《じかん》。（　）

⑤ 図《ず》画《が》工作《さく》。（　）

⑥ 公園《えん》であそぶ。（　）

⑦ 海《うみ》は広いな。（　）

⑧ 交番《ばん》の前《まえ》。（　）

⑨ ぴかぴか光る。（　）

⑩ いい考えがある。（　）

⑪ 学校《がっこう》へ行く。（　）

⑫ 空《そら》高くとぶ。（　）

⑬ 黄色《いろ》いはっぱ。（　）

⑭ 合わせていくつ。（　）

⑮ 谷間《ま》の風《ふう》けい。（　）

⑯ せかいの国。（　）

⑰ 黒い雨雲《あまぐも》。（　）

⑱ 今夜《や》は星《ほし》まつり。（　）

⑲ 文《ぶん》才のある人《ひと》。（　）

⑳ ガラスの細工《く》。（　）

かん字 4-⑦

書きのたしかめ ①

□ つぎの文《ぶん》を読《よ》んで、□にあてはまるかん字《じ》を頭《あたま》の中《なか》でおもいうかべてからなぞりましょう。

① 古《ふる》新聞《しんぶん》をくくる。

② 午《ご》後《ご》から晴《は》れる。

③ 前《ぜん》後《ご》左右《さゆう》を見《み》る。

④ 国《こく》語《ご》の時間《じかん》。

⑤ 図画《ずが》工《こう》作《さく》。

⑥ 公《こう》園《えん》であそぶ。

⑦ 海《うみ》は広《ひろ》いな。

⑧ 交《こう》番《ばん》の前《まえ》。

⑨ ぴかぴか光《ひか》る。

⑩ いい考《かんが》えがある。

⑪ 学校《がっこう》へ行《い》く。

⑫ 空《そら》高《たか》くとぶ。

⑬ 黄《き》色《いろ》いはっぱ。

⑭ 合《あ》わせていくつ。

⑮ 谷《たに》間《ま》の風《ふう》けい。

⑯ せかいの国《くに》。

⑰ 黒《くろ》い雨雲《あまぐも》。

⑱ 今《こん》夜《や》は星《ほし》まつり。

⑲ 文《ぶん》才《さい》のある人《ひと》。

⑳ ガラスの細《さい》工《く》。

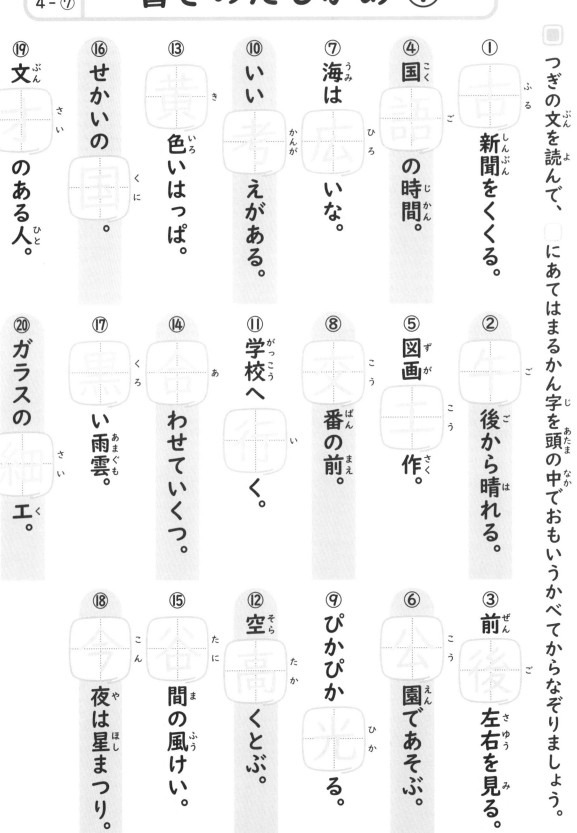

かん字 4-⑧

書きのたしかめ ②

□ つぎの文《ぶん》を読《よ》んで、□にあてはまるかん字《じ》を頭《あたま》の中《なか》でおもいうかべてからかきましょう。

① □《ふる》新聞《しんぶん》をくる。

② □《ご》後《ご》から晴《は》れる。

③ 前《ぜん》□《ご》左右《さゆう》を見《み》る。

④ 国《こく》□《ご》の時間《じかん》。

⑤ 図画《ずが》□《こう》作《さく》。

⑥ □《こう》園《えん》であそぶ。

⑦ 海《うみ》は□《ひろ》いな。

⑧ □《こう》番《ばん》の前《まえ》。

⑨ ぴかぴか□《ひか》る。

⑩ いい□《かんが》えがある。

⑪ 学校《がっこう》へ□《い》く。

⑫ 空《そら》□《たか》くとぶ。

⑬ □《き》色《いろ》いはっぱ。

⑭ □《あ》わせていくつ。

⑮ □《たに》間《ま》の風《ふう》けい。

⑯ せかいの□《くに》。

⑰ □《くろ》い雨雲《あまぐも》。

⑱ □《こん》夜《や》は星《ほし》まつり。

⑲ 文《ぶん》□《さい》のある人《ひと》。

⑳ ガラスの□《さい》工《く》。

かん字
4-⑨

書きのたしかめ ③

□ つぎの文《ぶん》を読《よ》んで、□にあてはまるかん字《じ》を頭《あたま》の中《なか》でおもいうかべてからかきましょう。

① □《ふる》新聞《しんぶん》をくくる。

② □《ご》後《ご》から晴《は》れる。

③ 前《ぜん》□《ご》左右《さゆう》を見《み》る。

④ 国《こく》□《ご》の時間《じかん》。

⑤ 図画《ずが》□《こう》作《さく》。

⑥ □《こう》園《えん》であそぶ。

⑦ 海《うみ》は□《ひろ》いな。

⑧ □《こう》番《ばん》の前《まえ》。

⑨ ぴかぴか□《ひか》る。

⑩ いい□《かんが》えがある。

⑪ 学校《がっこう》へ□《い》く。

⑫ 空《そら》□《たか》くとぶ。

⑬ □《き》色《いろ》いはっぱ。

⑭ □《あ》わせていくつ。

⑮ □《たに》間《ま》の風《ふう》けい。

⑯ せかいの□《くに》。

⑰ □《くろ》い雨雲《あまぐも》。

⑱ □《こん》夜《や》は星《ほし》まつり。

⑲ 文《ぶん》□《さい》のある人《ひと》。

⑳ ガラスの□《さい》工《く》。

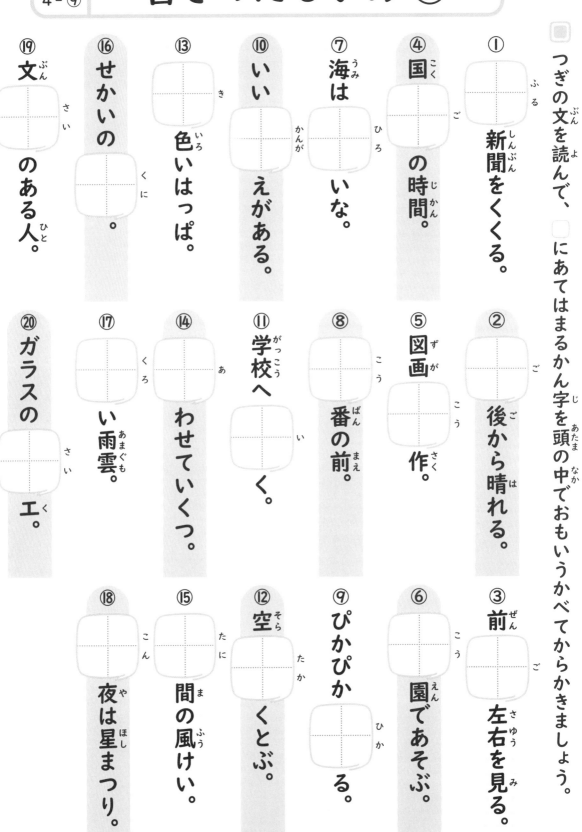

かん字
4-⑩

かん字みつけ！②

つぎの図《ず》の中《なか》から、今回学《こんかいがく》しゅうしたかん字《じ》を二十字《にじゅうじ》見《み》つけましょう。見《み》つけたかん字《じ》はなぞりましょう。

かん字 5-① 作・算・止・市

■手本《てほん》のかん字《じ》をゆびでなぞります。□にはかん字《じ》を頭《あたま》の中《なか》でおもいうかべてからかきましょう。

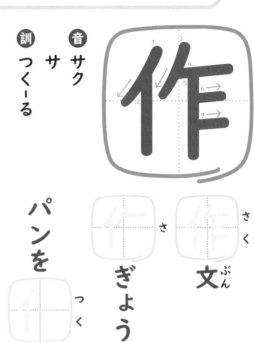

作

音 サク サ
訓 つく-る

作《さく》文《ぶん》
作《さ》ぎょう
パンを作《つく》る。

止

音 シ
訓 と-まる

中《ちゅう》止《し》
休《きゅう》止《し》
立《た》ち止《ど》まる。

算

音 サン
訓 —

算《さん》数《すう》
計《けい》算《さん》
ひっ算《さん》をする。

市

音 シ
訓 いち

市《し》内《ない》
市《いち》場《ば》
市《し》長《ちょう》が来《く》る。

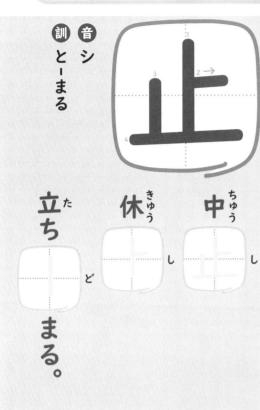

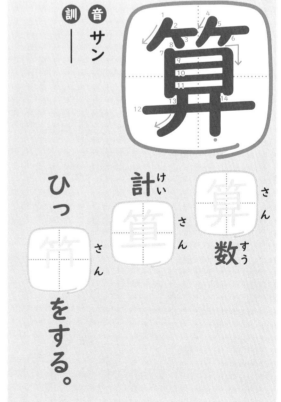

矢・姉・思・紙

■ 手本《てほん》のかん字《じ》をゆびでなぞります。
□ にはかん字《じ》を頭《あたま》の中《なか》でおもいうかべてからかきましょう。

矢

音 （シ）
訓 や

弓《ゆみ》矢《や》

□《や》車《ぐるま》

□《や》じるしが入《はい》る。

姉

音 （シ）
訓 あね
※ねえ-さん

姉《あね》上《うえ》

□《ねえ》さん

兄《あに》と□《あね》。

思

音 シ
訓 おも-う

思《し》考《こう》

思《おも》う

□《おも》い出《だ》す。

紙

音 シ
訓 かみ

色《しき》紙《し》

画用《がよう》□《し》

手《て》□《がみ》を書《か》く。

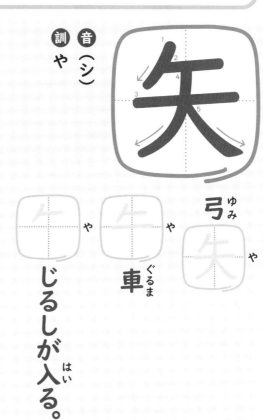

寺・自・時・室

手本《てほん》のかん字《じ》をゆびでなぞります。□にはかん字《じ》を頭《あたま》の中《なか》でおもいうかべてからかきましょう。

寺

音 ジ
訓 てら

山《やま》□《でら》
□《じ》社《しゃ》
お□《てら》の門《もん》。

時

音 ジ
訓 とき

□《じ》間《かん》
同《どう》□《じ》
□《とき》は金《かね》なり。

自

音 ジ・シ
訓 みずか-ら

□《じ》作《さく》
□《し》ぜん
□《みずか》ら学《まな》ぶ。

室

音 シツ
訓 ―

教《きょう》□《しつ》
□《しつ》内《ない》
きゅう食《しょく》□《しつ》。

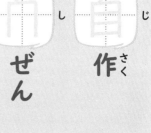

かん字 5-④

社・弱・首・秋

■手本《てほん》のかん字《じ》をゆびでなぞります。
□にはかん字《じ》を頭《あたま》の中《なか》でおもいうかべてからかきましょう。

社

音 シャ
訓 やしろ

社《しゃ》長《ちょう》
社《しゃ》会《かい》
森《もり》の社《やしろ》。

弱

音 ジャク
訓 よわ-い
よわ-まる

弱《よわ》い
弱《よわ》気《き》
音《おと》の強《きょう》弱《じゃく》。

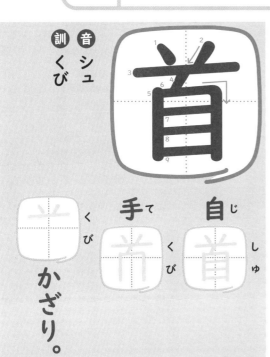

首

音 シュ
訓 くび

自《じ》首《しゅ》
手《て》首《くび》
首《くび》かざり。

秋

音 シュウ
訓 あき

立《りっ》秋《しゅう》
秋《あき》晴《ば》れ
秋《しゅう》分《ぶん》の日《ひ》。

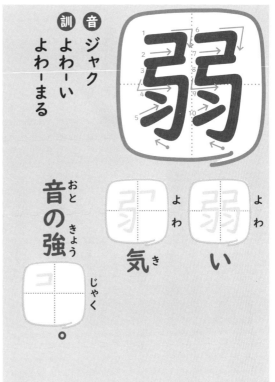

かん字 5-⑤

週・春・書・少

手本《てほん》のかん字《じ》をゆびでなぞります。□にはかん字《じ》を頭《あたま》の中《なか》でおもいうかべてからかきましょう。

週

音 シュウ
訓 ―

今《こん》週《しゅう》

一《いっ》週《しゅう》間《かん》

毎《まい》週《しゅう》通《かよ》う店《みせ》。

書

音 ショ
訓 か-く

図《と》書《しょ》

読《どく》書《しょ》

読《よ》み書《か》き計算《けいさん》。

春

音 シュン
訓 はる

春《はる》先《さき》

青《せい》春《しゅん》

春《はる》休《やす》みになる。

少

音 ショウ
訓 すく-ない
すこ-し

少《しょう》年《ねん》

少《すく》ない

あと少《すこ》しねたい。

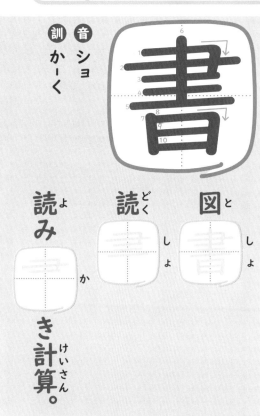

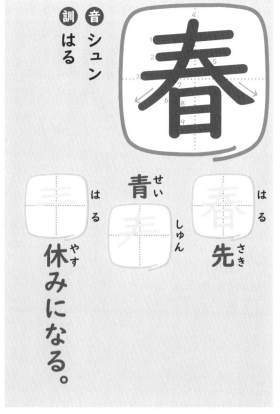

読みのたしかめ

□ つぎの文《ぶん》を読《よ》んで、——を引《ひ》いたかん字《じ》の読《よ》みを（　）にかきましょう。

① 作文《ぶん》に書《か》く。

② 算数《すう》の教科書《きょうかしょ》。

③ 遠足《えんそく》が中《ちゅう》止になる。

④ 朝《あさ》市で買《か》う。

⑤ 矢が当《あ》たる。

⑥ ぼくのお姉さん。

⑦ 思い出《で》にのこる。

⑧ おり紙で作《つく》る。

⑨ お寺にまいる。

⑩ 自てん車《しゃ》をこぐ。

⑪ 時がたつ。

⑫ 音楽《おんがく》室で歌《うた》う。

⑬ 寺《じ》社が多《おお》い通《とお》り。

⑭ 弱点《てん》をつく。

⑮ 手《て》首と足《あし》首。

⑯ 春《しゅん》夏《か》秋冬《とう》。

⑰ 週の目《もく》ひょう。

⑱ 春が来《き》た。

⑲ 書店《てん》をさがす。

⑳ 少しだけ食《た》べる。

かん字 5-⑦

書きのたしかめ ①

つぎの文《ぶん》を読《よ》んで、□にあてはまるかん字《じ》を頭《あたま》の中《なか》でおもいうかべてからなぞりましょう。

① 作《さく》文《ぶん》に書《か》く。

② 算《さん》数《すう》の教《きょう》科《か》書《しょ》。

③ 遠足《えんそく》が中《ちゅう》止《し》になる。

④ 朝《あさ》市《いち》で買《か》う。

⑤ 矢《や》が当《あ》たる。

⑥ ぼくのお姉《ねえ》さん。

⑦ 思《おも》い出《で》にのこる。

⑧ おり紙《がみ》で作《つく》る。

⑨ お寺《てら》にまいる。

⑩ 自《じ》てん車《しゃ》をこぐ。

⑪ 時《とき》がたつ。

⑫ 音楽《おんがく》室《しつ》で歌《うた》う。

⑬ 寺《じ》社《しゃ》が多《おお》い通《とお》り。

⑭ 弱《じゃく》点《てん》をつく。

⑮ 手《て》首《くび》と足《あし》首《くび》。

⑯ 春夏《しゅんか》秋《しゅう》冬《とう》。

⑰ 週《しゅう》の目《もく》ひょう。

⑱ 春《はる》が来《き》た。

⑲ 書《しょ》店《てん》をさがす。

⑳ 少《すこ》しだけ食《た》べる。

かん字 5 - ⑧

書きのたしかめ ②

□ つぎの文《ぶん》を読《よ》んで、□にあてはまるかん字《じ》を頭《あたま》の中《なか》でおもいうかべてからかきましょう。

① □《さく》文《ぶん》に書《か》く。

② □《さん》数《すう》の教科書《きょうかしょ》。

③ 遠足《えんそく》が中《ちゅう》□《し》になる。

④ 朝《あさ》□《いち》で買《か》う。

⑤ □《や》が当《あ》たる。

⑥ ぼくのお□《ねえ》さん。

⑦ □《おも》い出《で》にのこる。

⑧ おり□《がみ》で作《つく》る。

⑨ お□《てら》にまいる。

⑩ □《じ》てん車《しゃ》をこぐ。

⑪ □《とき》がたつ。

⑫ 音楽《おんがく》□《しつ》で歌《うた》う。

⑬ 寺《じ》□《しゃ》が多《おお》い通《とお》り。

⑭ □《じゃく》点《てん》をつく。

⑮ 手《て》□《くび》と足《あし》□《くび》。

⑯ 春夏《しゅんか》□《しゅう》冬《とう》。

⑰ □《しゅう》の目《もく》ひょう。

⑱ □《はる》が来《き》た。

⑲ □《しょ》店《てん》をさがす。

⑳ □《すこ》しだけ食《た》べる。

かん字 5-⑨

書きのたしかめ ③

□ つぎの文《ぶん》を読《よ》んで、□にあてはまるかん字《じ》を頭《あたま》の中《なか》でおもいうかべてからかきましょう。

① □《さく》文《ぶん》に書《か》く。

② □《さん》数《すう》の教科書《きょうかしょ》。

③ 遠足《えんそく》が中《ちゅう》□《し》になる。

④ 朝《あさ》□《いち》で買《か》う。

⑤ □《や》が当《あ》たる。

⑥ ぼくのお□《ねえ》さん。

⑦ □《おも》い出《で》にのこる。

⑧ おり□《がみ》で作《つく》る。

⑨ お□《てら》にまいる。

⑩ □《じ》てん車《しゃ》をこぐ。

⑪ □《とき》がたつ。

⑫ 音楽《おんがく》□《しつ》で歌《うた》う。

⑬ 寺《じ》□《しゃ》が多《おお》い通《とお》り。

⑭ □《じゃく》点《てん》をつく。

⑮ 手《て》□《くび》と足《あし》□《くび》。

⑯ 春夏《しゅんか》□《しゅう》冬《とう》。

⑰ □《しゅう》の目《もく》ひょう。

⑱ □《はる》が来《き》た。

⑲ □《しょ》店《てん》をさがす。

⑳ □《すこ》しだけ食《た》べる。

かん字 5-⑩

かん字めいろ ①

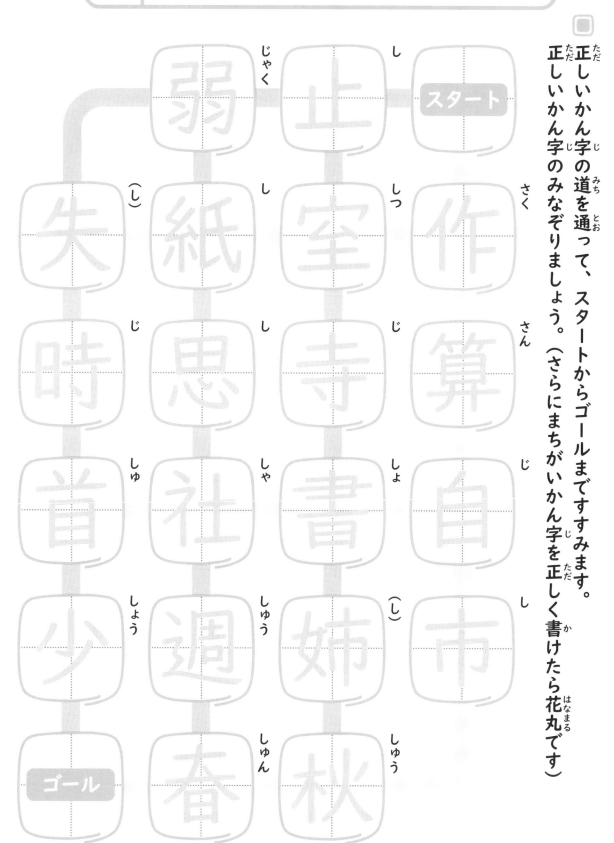

■ 正《ただ》しいかん字《じ》の道《みち》を通《とお》って、スタートからゴールまですすみます。正《ただ》しいかん字《じ》のみなぞりましょう。（さらにまちがいかん字《じ》を正《ただ》しく書《か》けたら花丸《はなまる》です）

	弱《じゃく》	止《し》	スタート
失（し）	紙《し》	室《しつ》	作《さく》
時《じ》	思《し》	寺《じ》	算《さん》
首《しゅ》	社《しゃ》	書《しょ》	自《じ》
少《しょう》	週《しゅう》	姉（し）	市《し》
ゴール	春《しゅん》	秋《しゅう》	

かん字 6-①

場・色・食・心

□は手本《てほん》のかん字《じ》をゆびでなぞります。□にはかん字《じ》を頭《あたま》の中《なか》でおもいうかべてからかきましょう。

場

音 ジョウ
訓 ば

会《かい》場《じょう》
場《ば》合《あい》
市《いち》場《ば》のお店《みせ》。

食

音 ショク
訓 く-う　た-べる

食《しょく》後《ご》
食《く》う
食《た》べものがない。

色

音 ショク　シキ
訓 いろ

原《げん》色《しょく》
色《しき》紙《し》
顔《かお》色《いろ》がかわる。

心

音 シン
訓 こころ

中《ちゅう》心《しん》
用《よう》心《じん》
心《こころ》細《ぼそ》いはし。

かん字 6-②

新・親・図・数

□手本《てほん》のかん字《じ》をゆびでなぞります。

□にはかん字《じ》を頭《あたま》の中《なか》でおもいうかべてからかきましょう。

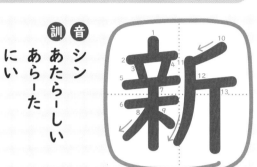

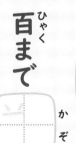

新

音 シン

訓 あたら-しい　あら-た　にい

新《しん》年《ねん》

新《にい》がた

新《あたら》しい家《いえ》。

親

音 シン

訓 おや　した-しい

親《しん》切《せっ》

親《おや》子《こ》

親《した》しい友《とも》。

図

音 ズ　ト

訓 ―

図《ず》画《が》

天気《てんき》図《ず》

図《と》書室《しょしつ》に行《い》く。

数

音 スウ

訓 かず　かぞ-える

数《すう》字《じ》

頭《あたま》数《かず》

百《ひゃく》まで数《かぞ》える。

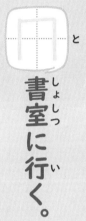

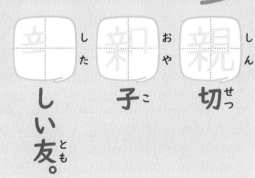

かん字 6-③ 西・声・星・晴

□手本《てほん》のかん字《じ》をゆびでなぞります。□にはかん字《じ》を頭《あたま》の中《なか》でおもいうかべてからかきましょう。

西

音 セイ　サイ
訓 にし

南《なん》西《せい》

東《とう》西《ざい》

西《にし》の空《そら》。

星

音 セイ
訓 ほし

火《か》星《せい》

星《ほし》空《ぞら》

ながれ星《ぼし》。

声

音 セイ
訓 こえ

音《おん》声《せい》

声《せい》楽《がく》

大《おお》きな声《こえ》。

晴

音 セイ
訓 は-れる　は-らす

晴《せい》天《てん》

晴《は》れる

うさを晴《は》らす。

かん字 6-④

切・雪・船・線

手本《てほん》のかん字《じ》をゆびでなぞります。
□にはかん字《じ》を頭《あたま》の中《なか》でおもいうかべてからかきましょう。

切

音 セツ
訓 き-る

大《たい》切《せつ》

切《き》っ手《て》

はさみで切《き》る。

船

音 セン
訓 ふね
※ふな

船《せん》長《ちょう》

船《ふな》出《で》

新《あたら》しい船《ふね》にのる。

雪

音 セツ
訓 ゆき

新《しん》雪《せつ》

雪《ゆき》国《ぐに》

雪《ゆき》女《おんな》のお話《はなし》。

線

音 セン
訓 ―

点《てん》線《せん》

光《こう》線《せん》

線《せん》を引《ひ》く。

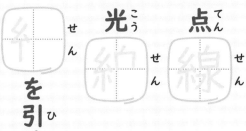

かん字 6-⑤

前・組・走・多

手本《てほん》のかん字《じ》をゆびでなぞります。

□にはかん字《じ》を頭《あたま》の中《なか》でおもいうかべてからかきましょう。

前

音 ゼン
訓 まえ

前《ぜん》線《せん》

前《まえ》足《あし》

出《で》前《まえ》をとる。

走

音 ソウ
訓 はしーる

走《そう》行《こう》

走《はし》る

走《はし》り高《たか》とび。

組

音 ソ
訓 くーむ くみ

組《そ》しき

番《ばん》組《ぐみ》

チームを組《く》む。

多

音 タ
訓 おおーい

多《た》数《すう》

多《た》少《しょう》

人《ひと》が多《おお》い。

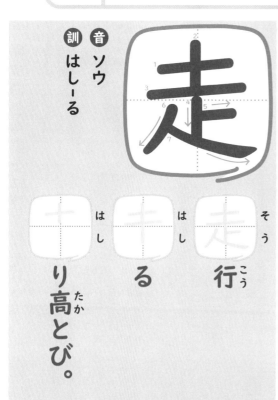

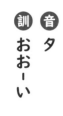

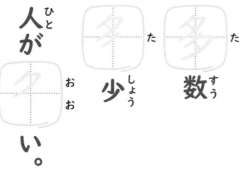

かん字 6-⑥

読みのたしかめ

つぎの文《ぶん》を読《よ》んで、—を引《ひ》いたかん字《じ》の読《よ》みを（　）にかきましょう。

①工場《こう》ではたらく。（　）

④とても心強《づよ》い。（　）

⑦図書室《しょしつ》で会《あ》う。（　）

⑩きれいな歌声《うた》。（　）

⑬親切《しん》にする。（　）

⑯白線《はく》をこえる。（　）

⑲五十《ごじゅう》メートル走。（　）

②五《ご》色のたんざく。（　）

⑤新聞《ぶん》を作《つく》る。（　）

⑧点《てん》数をきそう。（　）

⑪星空《ぞら》を見上《みあ》げる。（　）

⑭雪だるまを作《つく》る。（　）

⑰目《め》の前でおこる。（　）

⑳虫《むし》が多い公園《こうえん》。（　）

③食後《ご》のデザート。（　）

⑥親子《こ》で出《で》かける。（　）

⑨南《なん》西の方角《ほうがく》。（　）

⑫すっきり晴れる。（　）

⑮船で旅《たび》に出《で》る。（　）

⑱組み立《た》てる。（　）

かん字 6-⑦

書きのたしかめ ①

□ つぎの文《ぶん》を読《よ》んで、□にあてはまるかん字《じ》を頭《あたま》の中《なか》でおもいうかべてからなぞりましょう。

① 工《こう》場《じょう》ではたらく。

② 五《ご》色《しき》のたんざく。

③ 食《しょく》後《ご》のデザート。

④ とても心《こころ》強《づよ》い。

⑤ 新《しん》聞《ぶん》を作《つく》る。

⑥ 親《おや》子《こ》で出《で》かける。

⑦ 図《と》書室《しょしつ》で会《あ》う。

⑧ 点《てん》数《すう》をきそう。

⑨ 南《なん》西《せい》の方角《ほうがく》。

⑩ きれいな歌《うた》声《ごえ》。

⑪ 星《ほし》空《ぞら》を見《み》上《あ》げる。

⑫ すっきり晴《は》れる。

⑬ 親《しん》切《せつ》にする。

⑭ 雪《ゆき》だるまを作《つく》る。

⑮ 船《ふね》で旅《たび》に出《で》る。

⑯ 白《はく》線《せん》をこえる。

⑰ 目《め》の前《まえ》でおこる。

⑱ 組《く》み立《た》てる。

⑲ 五十《ごじゅう》メートル走《そう》。

⑳ 虫《むし》が多《おお》い公園《こうえん》。

かん字 6-⑧

書きのたしかめ ②

つぎの文《ぶん》を読《よ》んで、□にあてはまるかん字《じ》を頭《あたま》の中《なか》でおもいうかべてからかきましょう。

① 工《こう》□《じょう》ではたらく。

② 五《ご》□《しき》のたんざく。

③ □《しょく》後《ご》のデザート。

④ とても□《こころ》強《づよ》い。

⑤ □《しん》聞《ぶん》を作《つく》る。

⑥ □《おや》子《こ》で出《で》かける。

⑦ □《と》書室《しょしつ》で会《あ》う。

⑧ 点《てん》□《すう》をきそう。

⑨ 南《なん》□《せい》の方角《ほうがく》。

⑩ きれいな歌《うた》□《ごえ》。

⑪ □《ほし》空《ぞら》を見《み》上《あ》げる。

⑫ すっきり□《は》れる。

⑬ 親《しん》□《せつ》にする。

⑭ □《ゆき》だるまを作《つく》る。

⑮ □《ふね》で旅《たび》に出《で》る。

⑯ 白《はく》□《せん》をこえる。

⑰ 目《め》の□《まえ》でおこる。

⑱ □《く》み立《た》てる。

⑲ 五十《ごじゅう》メートル□《そう》。

⑳ 虫《むし》が□《おお》い公園《こうえん》。

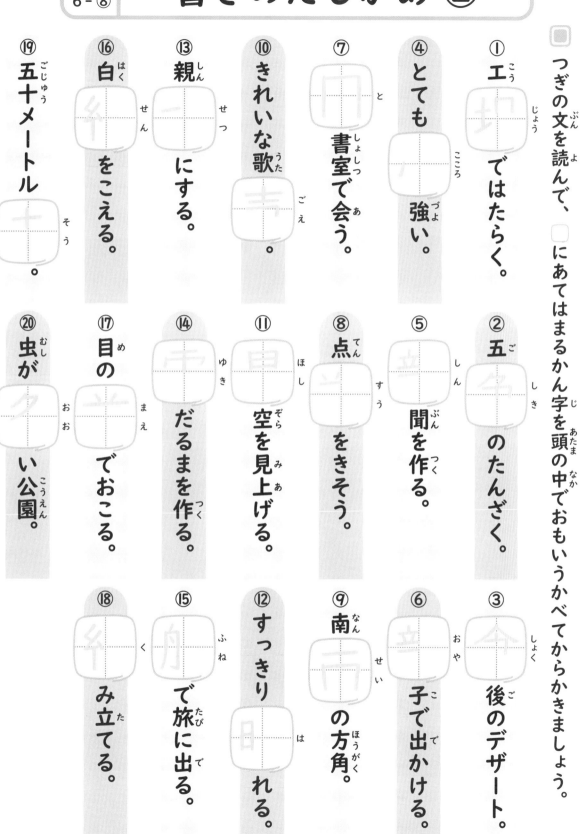

かん字 6-⑨

書きのたしかめ ③

□ つぎの文《ぶん》を読《よ》んで、□にあてはまるかん字を頭《あたま》の中《なか》でおもいうかべてからかきましょう。

① 工《こう》□《じょう》ではたらく。

② 五《ご》□《しき》のたんざく。

③ □《しょく》後《ご》のデザート。

④ とても□《こころ》強《づよ》い。

⑤ □《しん》聞《ぶん》を作《つく》る。

⑥ □《おや》子《こ》で出《で》かける。

⑦ □《と》書室《しょしつ》で会《あ》う。

⑧ 点《てん》□《すう》をきそう。

⑨ 南《なん》□《せい》の方角《ほうがく》。

⑩ きれいな歌《うた》□《ごえ》。

⑪ □《ほし》空《ぞら》を見上《みあ》げる。

⑫ すっきり□《は》れる。

⑬ 親《しん》□《せつ》にする。

⑭ □《ゆき》だるまを作《つく》る。

⑮ □《ふね》で旅《たび》に出《で》る。

⑯ 白《はく》□《せん》をこえる。

⑰ 目《め》の□《まえ》でおこる。

⑱ □《く》み立《た》てる。

⑲ 五十《ごじゅう》メートル□《そう》。

⑳ 虫《むし》が□《おお》い公園《こうえん》。

ゴール　スタート

かん字
6－⑩

かん字みつけ！③

□ つぎの図《ず》の中《なか》から、今回学《こんかいがく》しゅうしたかん字《じ》を二十字《にじゅうじ》見《み》つけましょう。見《み》つけたかん字《じ》はなぞりましょう。

かん字 7-①

太・体・台・地

□手本《てほん》のかん字《じ》をゆびでなぞります。□にはかん字《じ》を頭《あたま》の中《なか》でおもいうかべてからかきましょう。

太

音 タイ タ
訓 ふと-い

丸《まる》□《た》
□《たい》古《こ》
しんの□《ふと》いペン。

台

音 ダイ タイ
訓 ―

□《たい》風《ふう》
□《だい》形《けい》
すべり□《だい》。

体

音 タイ
訓 からだ

□《たい》力《りょく》
天《てん》□《たい》
□《からだ》つきがよい。

地

音 チ ジ
訓 ―

□《ち》下《か》
生《き》□《じ》
□《じ》めんの上《うえ》。

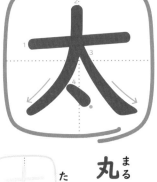

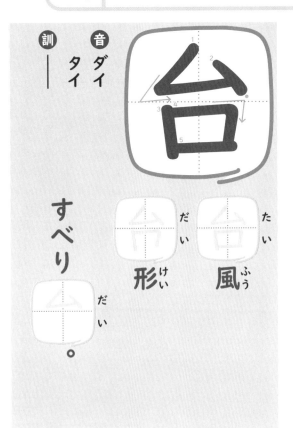

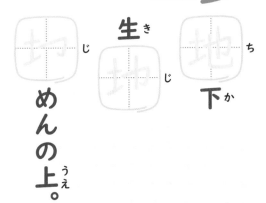

ゴール　スタート

かん字 7-②

池・知・茶・昼

□ 手本《てほん》のかん字《じ》をゆびでなぞります。

□にはかん字《じ》を頭《あたま》の中《なか》でおもいうかべてからかきましょう。

池

音 チ
訓 いけ

電《でん》□《ち》

古《ふる》□《いけ》

□《いけ》の魚《さかな》。

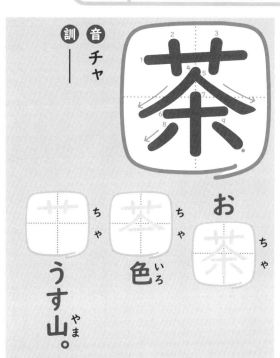

茶

音 チャ
訓 ―

お□《ちゃ》

□《ちゃ》色《いろ》

□《ちゃ》うす山《やま》。

知

音 チ
訓 し-る

□《ち》人《じん》

□《し》る

虫《むし》の□《し》らせ。

昼

音 チュウ
訓 ひる

□《ちゅう》食《しょく》

□《ひる》間《ま》

□《ひる》下《さ》がり。

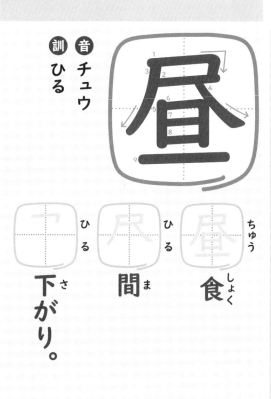

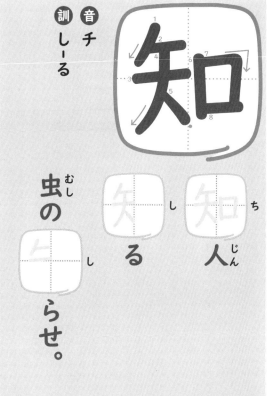

かん字 7-③

長・鳥・朝・直

□ 手本《てほん》のかん字《じ》をゆびでなぞります。

□ にはかん字《じ》を頭《あたま》の中《なか》でおもいうかべてからかきましょう。

長

音 チョウ
訓 なが-い

□《ちょう》女《じょ》

□《なが》ぐつ

□《なが》い話《はなし》を聞《き》く。

朝

音 チョウ
訓 あさ

□《ちょう》会《かい》

毎《まい》□《あさ》

□《あさ》ごはん。

鳥

音 チョウ
訓 とり

白《はく》□《ちょう》

野《や》□《ちょう》

小《こ》□《とり》の声《こえ》。

直

音 チョク
ジキ
訓 ただ-ちに
なお-す

□《ちょく》線《せん》

正《しょう》□《じき》

文《ぶん》を書《か》き□《なお》す。

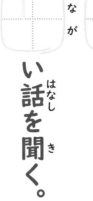

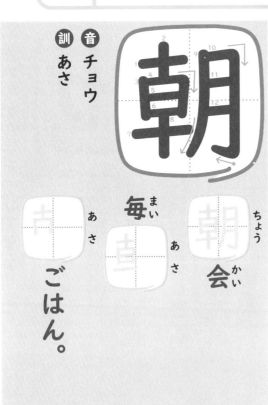

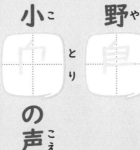

通・弟・店・点

■手本《てほん》のかん字《じ》をゆびでなぞります。
□にはかん字《じ》を頭《あたま》の中《なか》でおもいうかべてからかきましょう。

通

音 ツウ
訓 とお-る
かよ-う

交《こう》□《つう》

大《おお》□《どお》り

学校《がっこう》に□《かよ》う。

店

音 テン
訓 みせ

□《てん》頭《とう》

売《ばい》□《てん》

□《みせ》で買《か》う。

弟

音 (テイ)
※ダイ
訓 おとうと

兄《きょう》□《だい》

□《おとうと》

せの高《たか》い□《おとうと》。

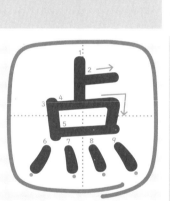

点

音 テン
訓 ―

□《てん》火《か》

弱《じゃく》□《てん》

円《えん》の中心《ちゅうしん》□《てん》。

かん字 7-⑤

電・刀・冬・当

■ 手《て》本《ほん》のかん字《じ》をゆびでなぞります。
□ にはかん字《じ》を頭《あたま》の中《なか》でおもいうかべてからかきましょう。

電

音 デン
訓 ―

□《でん》車《しゃ》
□《でん》気《き》
糸《いと》□《でん》話《わ》。

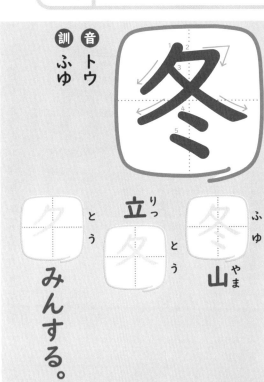

冬

音 トウ
訓 ふゆ

□《ふゆ》山《やま》
立《りっ》□《とう》
□《とう》みんする。

刀

音 トウ
訓 かたな

木《ぼく》□《とう》
名《めい》□《とう》
□《かたな》で切《き》る。

当

音 トウ
訓 あ-たる

□《とう》日《じつ》
□《あ》たる
□《とう》番《ばん》になる。

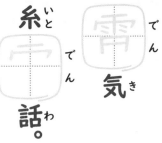

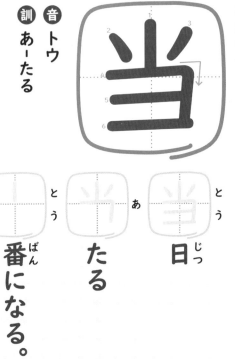

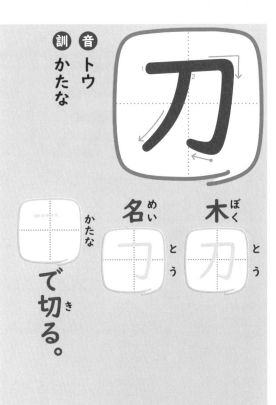

かん字 7－⑥

読みのたしかめ

□ つぎの文《ぶん》を読《よ》んで、—を引《ひ》いたかん字《じ》の読《よ》みを（　）にかきましょう。

① 太ようの光《ひかり》。

② 人体《じん》のふしぎ。

③ 台紙《し》にはる。

④ 地きゅうは回《まわ》る。

⑤ 池の水《みず》をぬく。

⑥ ひみつを知る。

⑦ ぶんぶく茶がま。

⑧ 昼食《しょく》を食《た》べる。

⑨ 校《こう》長先生《せんせい》。

⑩ 野《や》鳥の楽園《らくえん》。

⑪ 朝顔《がお》をそだてる。

⑫ なか直りをする。

⑬ 交《こう》通あんぜん。

⑭ 兄《きょう》弟姉妹《しまい》。

⑮ コンビニの店長《ちょう》。

⑯ 点字《じ》を読《よ》む。

⑰ 電車《しゃ》が走《はし》る町《まち》。

⑱ 木《き》の刀。

⑲ 楽《たの》しみな冬休《やす》み。

⑳ 大《おお》当たり。

かん字
7－⑦

書きのたしかめ ①

□ つぎの文《ぶん》を読《よ》んで、□にあてはまるかん字《じ》を頭《あたま》の中《なか》でおもいうかべてからなぞりましょう。

① 太《たい》ようの光《ひかり》。

② 人《じん》体《たい》のふしぎ。

③ 台《だい》紙《し》にはる。

④ 地《ち》きゅうは回《まわ》る。

⑤ 池《いけ》の水《みず》をぬく。

⑥ ひみつを知《し》る。

⑦ ぶんぶく茶《ちゃ》がま。

⑧ 昼《ちゅう》食《しょく》を食《た》べる。

⑨ 校《こう》長《ちょう》先生《せんせい》。

⑩ 野《や》鳥《ちょう》の楽園《らくえん》。

⑪ 朝《あさ》顔《がお》をそだてる。

⑫ なか直《なお》りをする。

⑬ 交《こう》通《つう》あんぜん。

⑭ 兄《きょう》弟《だい》姉妹《しまい》。

⑮ コンビニの店《てん》長《ちょう》。

⑯ 点《てん》字《じ》を読《よ》む。

⑰ 電《でん》車《しゃ》が走《はし》る町《まち》。

⑱ 木《き》の刀《かたな》。

⑲ 楽《たの》しみな冬《ふゆ》休《やす》み。

⑳ 大《おお》当《あ》たり。

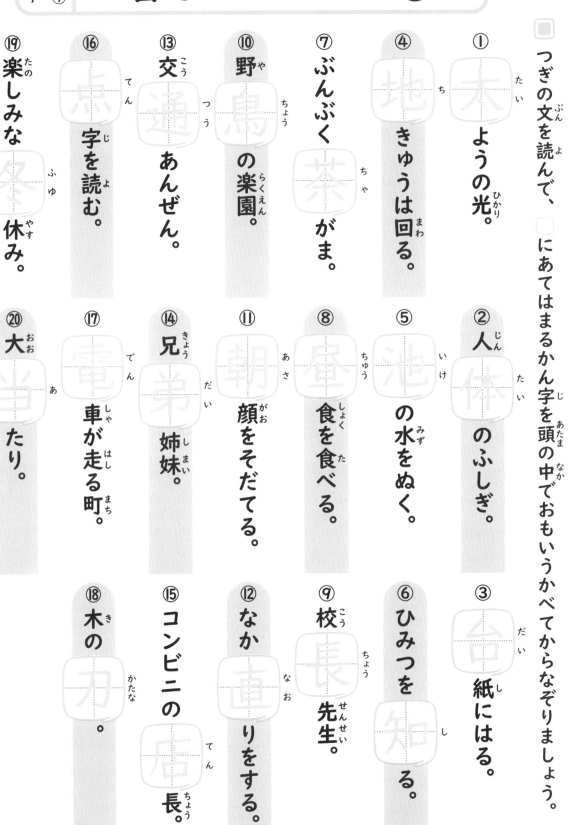

かん字 7-⑧

書きのたしかめ ②

□ つぎの文《ぶん》を読《よ》んで、□にあてはまるかん字《じ》を頭《あたま》の中《なか》でおもいうかべてからかきましょう。

① □《たい》ようの光《ひかり》。

② 人《じん》□《たい》のふしぎ。

③ □《だい》紙《し》にはる。

④ □《ち》きゅうは回《まわ》る。

⑤ □《いけ》の水《みず》をぬく。

⑥ ひみつを□《し》る。

⑦ ぶんぶく□《ちゃ》がま。

⑧ □《ちゅう》食《しょく》を食《た》べる。

⑨ 校《こう》□《ちょう》先生《せんせい》。

⑩ 野《や》□《ちょう》の楽園《らくえん》。

⑪ □《あさ》顔《がお》をそだてる。

⑫ なか□《なお》りをする。

⑬ 交《こう》□《つう》あんぜん。

⑭ 兄《きょう》□《だい》姉妹《しまい》。

⑮ コンビニの□《てん》長《ちょう》。

⑯ □《てん》字《じ》を読《よ》む。

⑰ □《でん》車《しゃ》が走《はし》る町《まち》。

⑱ 木《き》の□《かたな》。

⑲ 楽《たの》しみな□《ふゆ》休《やす》み。

⑳ 大《おお》□《あ》たり。

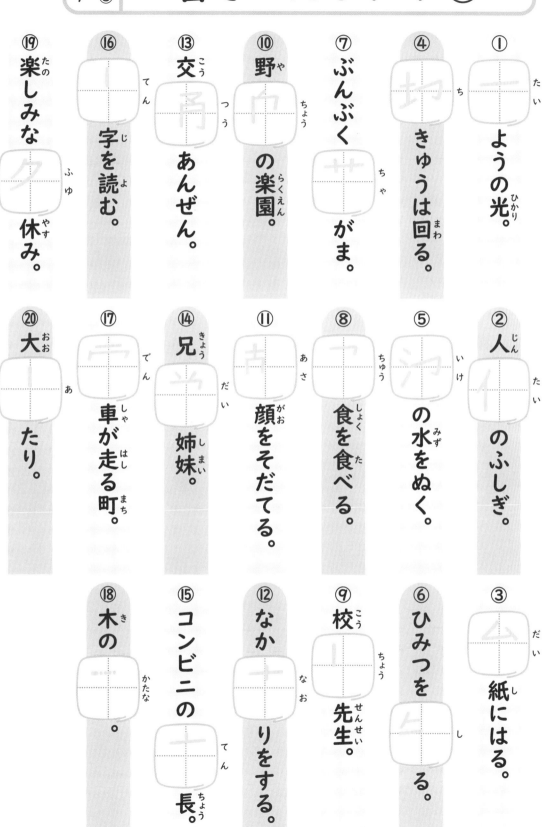

かん字 7-⑨

書きのたしかめ ③

□ つぎの文《ぶん》を読《よ》んで、□にあてはまるかん字《じ》を頭《あたま》の中《なか》でおもいうかべてからかきましょう。

① □《たい》ようの光《ひかり》。

② 人《じん》□《たい》のふしぎ。

③ □《だい》紙《し》にはる。

④ □《ち》きゅうは回《まわ》る。

⑤ □《いけ》の水《みず》をぬく。

⑥ ひみつを□《し》る。

⑦ ぶんぶく□《ちゃ》がま。

⑧ □《ちゅう》食《しょく》を食《た》べる。

⑨ 校《こう》□《ちょう》先生《せんせい》。

⑩ 野《や》□《ちょう》の楽園《らくえん》。

⑪ □《あさ》顔《がお》をそだてる。

⑫ なか□《なお》りをする。

⑬ 交《こう》□《つう》あんぜん。

⑭ 兄《きょう》□《だい》姉妹《しまい》。

⑮ コンビニの□《てん》長《ちょう》。

⑯ □《てん》字《じ》を読《よ》む。

⑰ □《でん》車《しゃ》が走《はし》る町《まち》。

⑱ 木《き》の□《かたな》。

⑲ 楽《たの》しみな□《ふゆ》休《やす》み。

⑳ 大《おお》□《あ》たり。

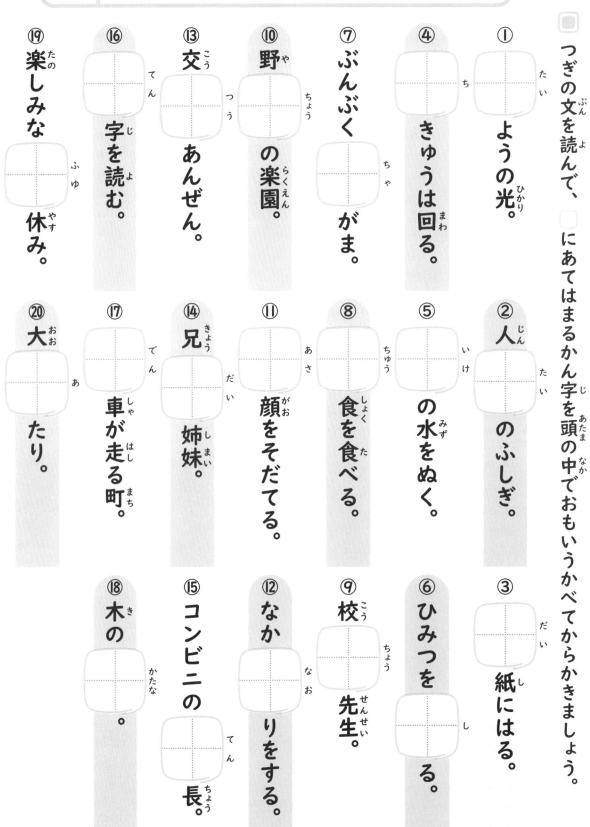

正しいかん字みつけ！②

つぎのかん字《じ》は一画書《いっかくか》きたされた、まちがいかん字《じ》です。
正《ただ》しいかん字《じ》のぶぶんのみをなぞって、かん字《じ》を見《み》つけましょう。

太 たい	知 ち	朝 ちょう	点 てん
体 たい	茶 ちゃ	直 ちょく	電 でん
台 だい	昼 ちゅう	通 つう	刀 とう
地 ち	長 ちょう	弟 （てい）	冬 とう
池 ち	鳥 ちょう	店 てん	当 とう

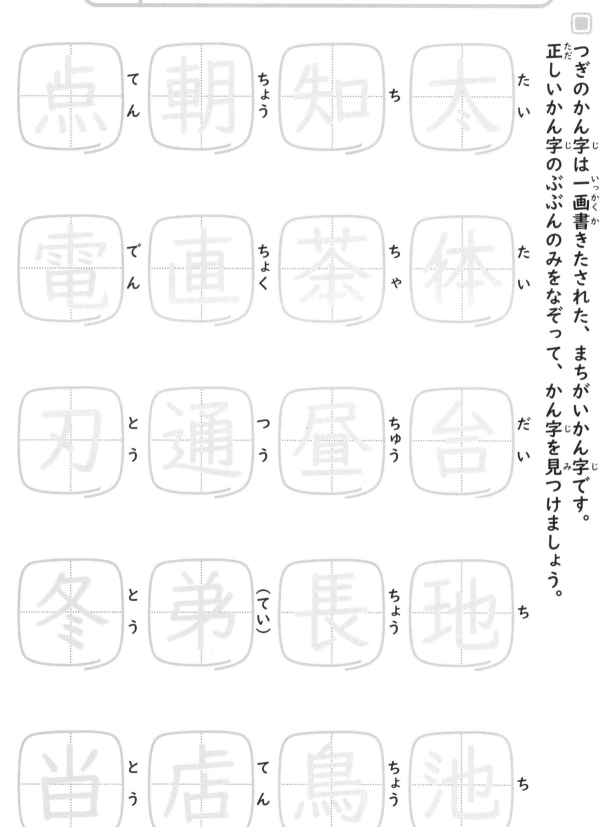

東・答・頭・同

□手本《てほん》のかん字《じ》をゆびでなぞります。

□にはかん字《じ》を頭《あたま》の中《なか》でおもいうかべてからかきましょう。

東

音 トウ
訓 ひがし

東《とう》海道《かいどう》
□《とう》西《ざい》
□《ひがし》の空《そら》を見《み》る。

頭

音 トウ ズ
訓 あたま

先《せん》頭《とう》
□《あたま》数《かず》
□《ず》が高《たか》い。

答

音 トウ
訓 こた-える こた-え

回《かい》答《とう》
問《もん》□《どう》
□《こた》え合《あ》わせ。

同

音 ドウ
訓 おな-じ

同《どう》点《てん》
□《どう》時《じ》
□《おな》じ名《な》前《まえ》。

かん字 8-②

道・読・内・南

手本《てほん》のかん字《じ》をゆびでなぞります。

□にはかん字《じ》を頭《あたま》の中《なか》でおもいうかべてからかきましょう。

道

音 ドウ

訓 みち

水《すい》□《どう》

□《みち》ばた

車《しゃ》□《どう》を走《はし》る。

読

音 ドク　トク　※トウ

訓 よ-む

□《どく》書《しょ》

音《おん》□《どく》

□《よ》む本《ほん》をきめる。

内

音 ナイ

訓 うち

□《ない》心《しん》

室《しつ》□《ない》

ふくは□《うち》。

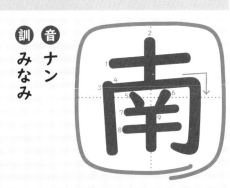

南

音 ナン

訓 みなみ

□《なん》国《ごく》

東《とう》□《なん》

□《みなみ》十《じゅう》字《じ》星《せい》。

かん字 8-③

肉・馬・売・買

手本《てほん》のかん字《じ》をゆびでなぞります。
□にはかん字《じ》を頭《あたま》の中《なか》でおもいうかべてからかきましょう。

肉
音 ニク
訓 ―

肉《にく》親《しん》
牛《ぎゅう》肉《にく》
肉《にく》を食《く》う。

売
音 バイ
訓 う-る

売《ばい》店《てん》
売《う》る
大《おお》売《うり》出《だ》し。

馬
音 バ
訓 うま ※ま

馬《ば》車《しゃ》
竹《たけ》馬《うま》
絵《え》馬《ま》をかける。

買
音 バイ
訓 か-う

売《ばい》買《ばい》
買《か》う
お買《か》いもの。

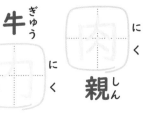

麦・半・番・父

■ 手本《てほん》のかん字《じ》をゆびでなぞります。
□ にはかん字《じ》を頭《あたま》の中《なか》でおもいうかべてからかきましょう。

麦

音 （バク）
訓 むぎ

生《なま》麦《むぎ》
大《おお》麦《むぎ》
麦《むぎ》ばたけ。

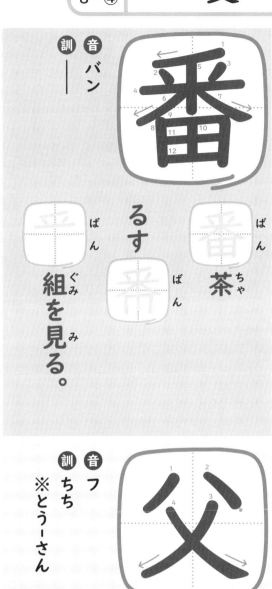

番

音 バン
訓 ―

番《ばん》茶《ちゃ》
るす番《ばん》
番《ばん》組《ぐみ》を見《み》る。

半

音 ハン
訓 なかーば

半《はん》分《ぶん》
後《こう》半《はん》
ゆめへの道《みち》半《なか》ば。

父

音 フ
訓 ちち
※とうーさん

父《ちち》親《おや》
父《ふ》母《ぼ》会《かい》
お父《とう》さん。

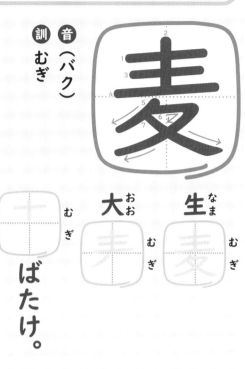

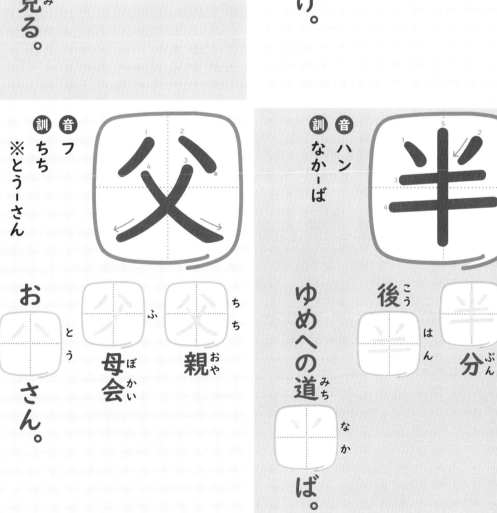

かん字
8-⑤

風・分・聞・米

□手本《てほん》のかん字《じ》をゆびでなぞります。□にはかん字《じ》を頭《あたま》の中《なか》でおもいうかべてからかきましょう。

風

音 フウ
訓 かぜ
※かざ

□《ふう》力《りょく》
春《はる》□《かぜ》
□《かざ》ぐるま。

聞

音 ブン
訓 き-く
き-こえる

新《しん》□《ぶん》
□《き》き手《て》
話《はなし》を□《き》く。

分

音 ブン
フン・ブ
訓 わ-ける
わ-かる

水《すい》□《ぶん》
□《わ》ける
二《に》□《ふん》後《ご》に会《あ》う。

米

音 ベイ
マイ
訓 こめ

白《はく》□《まい》
□《べい》国《こく》
□《こめ》だわら。

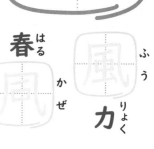

かん字 8-⑥

読みのたしかめ

□ つぎの文《ぶん》を読《よ》んで、——を引《ひ》いたかん字《じ》の読《よ》みを（　）にかきましょう。

① 東北《ほく》地《ち》方《ほう》。（　）

② 口《くち》答えする。（　）

③ 牛《うし》の頭数《すう》。（　）

④ 同点《てん》でえん長《ちょう》する。（　）

⑤ 国《こく》道一《いち》ごう線《せん》。（　）

⑥ 読書週間《しょしゅうかん》。（　）

⑦ 内気《き》な少年《しょうねん》。（　）

⑧ 南風《かぜ》がふく。（　）

⑨ 肉食《しょく》どうぶつ。（　）

⑩ 馬のりになる。（　）

⑪ 新《しん》はつ売のおかし。（　）

⑫ パンを買う。（　）

⑬ 麦茶《ちゃ》をのむ。（　）

⑭ 半分《ぶん》こする。（　）

⑮ じゅん番に言《い》う。（　）

⑯ 父の声《こえ》を聞《き》く。（　）

⑰ 風上《かみ》に立《た》つ。（　）

⑱ 三人《さんにん》で分ける。（　）

⑲ 聞き上手《じょうず》な人《ひと》。（　）

⑳ 古《こ》米を食《た》べる。（　）

書きのたしかめ ①

□ つぎの文《ぶん》を読《よ》んで、□にあてはまるかん字《じ》を頭《あたま》の中《なか》でおもいうかべてからなぞりましょう。

① 東《とう》北地方《ほくちほう》。

② 口《くち》答《ごた》えする。

③ 牛《うし》の頭《とう》数《すう》。

④ 同《どう》点《てん》でえん長《ちょう》する。

⑤ 国《こく》道《どう》一《いち》ごう線《せん》。

⑥ 読《どく》書週間《しょしゅうかん》。

⑦ 内《うち》気《き》な少年《しょうねん》。

⑧ 南《みなみ》風《かぜ》がふく。

⑨ 肉《にく》食《しょく》どうぶつ。

⑩ 馬《うま》のりになる。

⑪ 新《しん》はつ売《ばい》のおかし。

⑫ パンを買《か》う。

⑬ 麦《むぎ》茶《ちゃ》をのむ。

⑭ 半《はん》分《ぶん》こする。

⑮ じゅん番《ばん》に言《い》う。

⑯ 父《ちち》の声《こえ》を聞《き》く。

⑰ 風《かざ》上《かみ》に立《た》つ。

⑱ 三人《さんにん》で分《わ》ける。

⑲ 聞《き》き上手《じょうず》な人《ひと》。

⑳ 古《こ》米《まい》を食《た》べる。

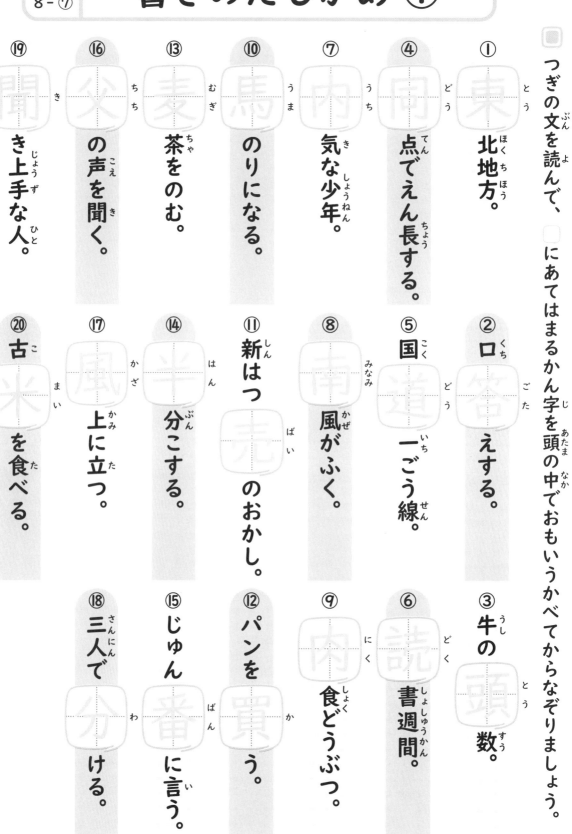

かん字 8-⑧

書きのたしかめ ②

つぎの文《ぶん》を読《よ》んで、□にあてはまるかん字《じ》を頭《あたま》の中《なか》でおもいうかべてからかきましょう。

① □《とう》北地方《ほくちほう》。

② 口《くち》□《ごた》えする。

③ 牛《うし》の□《とう》数《すう》。

④ □《どう》点《てん》でえん長《ちょう》する。

⑤ 国《こく》□《どう》一《いち》ごう線《せん》。

⑥ □《どく》書週間《しょしゅうかん》。

⑦ □《うち》気《き》な少年《しょうねん》。

⑧ □《みなみ》風《かぜ》がふく。

⑨ □《にく》食《しょく》どうぶつ。

⑩ □《うま》のりになる。

⑪ 新《しん》はつ□《ばい》のおかし。

⑫ パンを□《か》う。

⑬ □《むぎ》茶《ちゃ》をのむ。

⑭ □《はん》分《ぶん》こする。

⑮ じゅん□《ばん》に言《い》う。

⑯ □《ちち》の声《こえ》を聞《き》く。

⑰ □《かざ》上《かみ》に立《た》つ。

⑱ 三人《さんにん》で□《わ》ける。

⑲ □《き》上手《じょうず》な人《ひと》。

⑳ 古《こ》□《まい》を食《た》べる。

かん字 8-⑨

書きのたしかめ ③

□ つぎの文《ぶん》を読《よ》んで、□にあてはまるかん字《じ》を頭《あたま》の中《なか》でおもいうかべてからかきましょう。

① □《とう》北地方《ほくちほう》。

② 口《くち》□《ごた》えする。

③ 牛《うし》の□《とう》数《すう》。

④ □《どう》点《てん》でえん長《ちょう》する。

⑤ 国《こく》□《どう》一《いち》ごう線《せん》。

⑥ □《どく》書週間《しょしゅうかん》。

⑦ □《うち》気《き》な少年《しょうねん》。

⑧ □《みなみ》風《かぜ》がふく。

⑨ □《にく》食《しょく》どうぶつ。

⑩ □《うま》のりになる。

⑪ 新《しん》はつ□《ばい》のおかし。

⑫ パンを□《か》う。

⑬ □《むぎ》茶《ちゃ》をのむ。

⑭ □《はん》分《ぶん》こする。

⑮ じゅん□《ばん》に言《い》う。

⑯ □《ちち》の声《こえ》を聞《き》く。

⑰ □《かざ》上《かみ》に立《た》つ。

⑱ 三人《さんにん》で□《わ》ける。

⑲ □《き》き上手《じょうず》な人《ひと》。

⑳ 古《こ》□《まい》を食《た》べる。

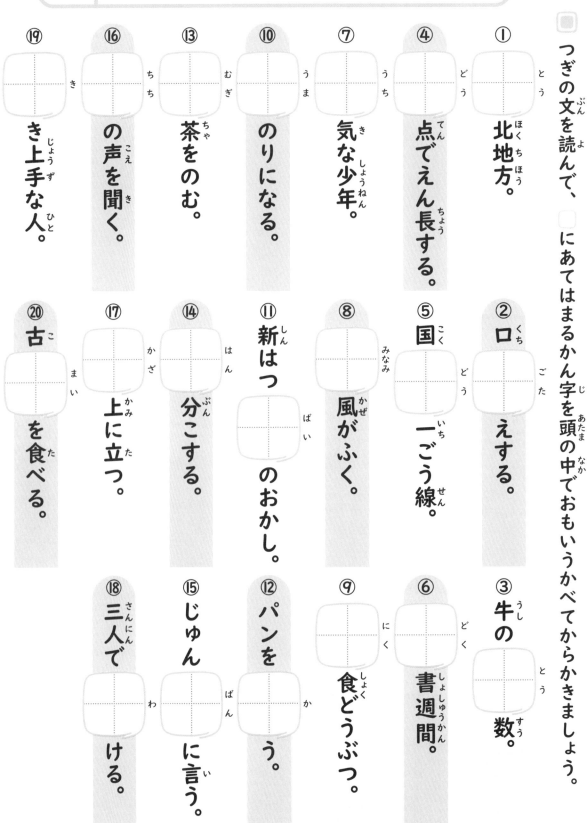

かん字
8 - ⑩

かん字みつけ！ ④

□ つぎの図《ず》の中《なか》から、今回学《こんかいがく》しゅうしたかん字《じ》を二《に》十《じゅう》字《じ》見《み》つけましょう。見《み》つけたかん字《じ》はなぞりましょう。

かん字 9-①

歩・母・方・北

■手本《てほん》のかん字《じ》をゆびでなぞります。□にはかん字《じ》を頭《あたま》の中《なか》でおもいうかべてからかきましょう。

音 ホ
訓 ある-く　あゆ-む

歩《ほ》行《こう》
歩《あゆ》む
歩《ある》き回《まわ》る。

音 ホウ
訓 かた

方《ほう》角《がく》
書《か》き方《かた》
一《いっ》方《ぽう》通《つう》行《こう》。

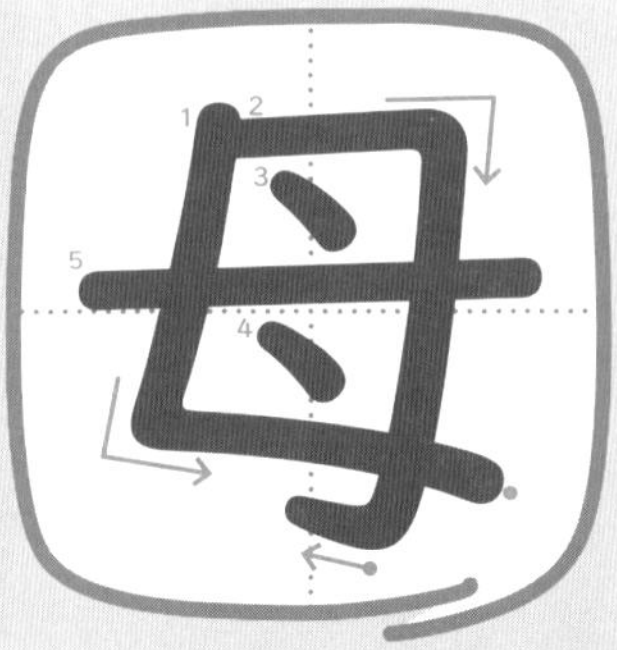

音 ボ
訓 はは
※かあ-さん

母《はは》親《おや》
母《ぼ》校《こう》
お母《かあ》さん。

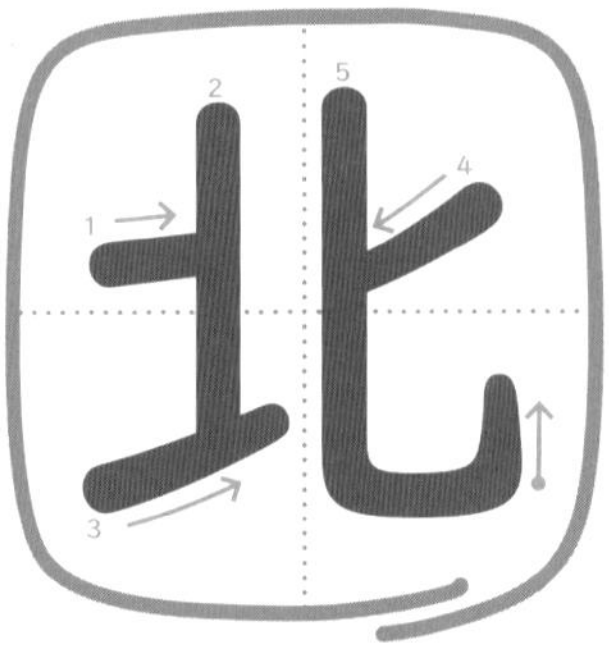

音 ホク
訓 きた

北《きた》風《かぜ》
北《ほっ》方《ぽう》
北《ほく》と七星《しちせい》。

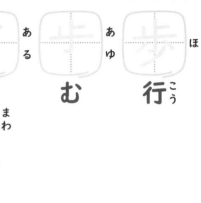

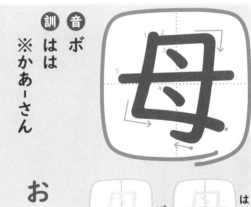

かん字 9-②

毎・妹・万・明

□手本《てほん》のかん字《じ》をゆびでなぞります。

□にはかん字《じ》を頭《あたま》の中《なか》でおもいうかべてからかきましょう。

毎

音 マイ

訓 ―

毎《まい》朝《あさ》

毎《まい》回《かい》

毎《まい》日《にち》通《かよ》う。

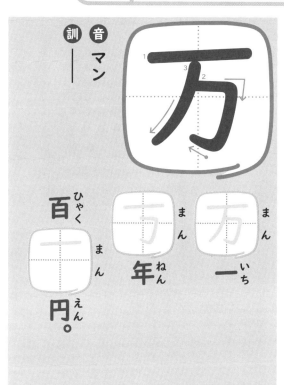

万

音 マン

訓 ―

一《いち》万《まん》

万《まん》年《ねん》

百《ひゃく》万《まん》円《えん》。

妹

音 （マイ）

訓 いもうと

妹《いもうと》

妹《いもうと》思《おも》い

二《に》才《さい》下《した》の妹《いもうと》。

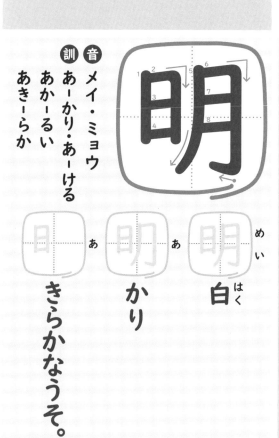

明

音 メイ・ミョウ

訓 あ-かり・あ-ける
あか-るい
あき-らか

明《めい》白《はく》

明《あ》かり

明《あ》きらかなうそ。

かん字 9-③

鳴・毛・門・夜

□手本《てほん》のかん字《じ》をゆびでなぞります。□にはかん字《じ》を頭《あたま》の中《なか》でおもいうかべてからかきましょう。

鳴

音 メイ
訓 な-く な-る

ひ鳴《めい》
鳴《な》き声《ごえ》
鳥《とり》が鳴《な》く。

門

音 モン
訓 ―

校《こう》門《もん》
門《もん》前《ぜん》
通用《つうよう》門《もん》を通《とお》る。

毛

音 モウ
訓 け

毛《け》虫《むし》
う毛《もう》
かみの毛《け》。

夜

音 ヤ
訓 よ よる

夜《や》間《かん》
月《つき》夜《よ》
昼《ひる》と夜《よる》の間《あいだ》。

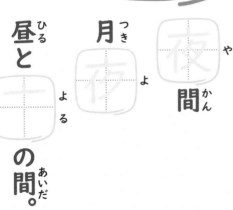

かん字 9-④

野・友・用・曜

■手本《てほん》のかん字《じ》をゆびでなぞります。
□にはかん字《じ》を頭《あたま》の中《なか》でおもいうかべてからかきましょう。

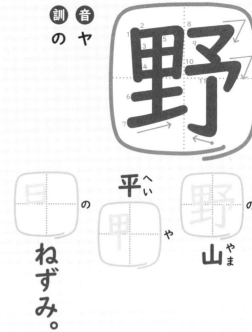

野

音 ヤ
訓 の

野《の》山《やま》

平《へい》野《や》

野《の》ねずみ。

友

音 ユウ
訓 とも

親《しん》友《ゆう》

友《ゆう》人《じん》

ごはんの友《とも》。

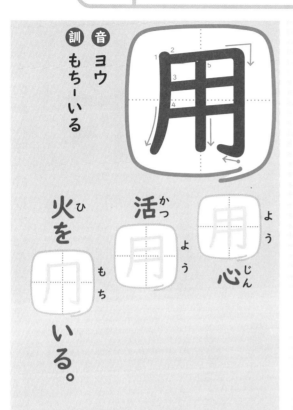

用

音 ヨウ
訓 もち-いる

用《よう》心《じん》

活《かっ》用《よう》

火《ひ》を用《もち》いる。

曜

音 ヨウ
訓 ―

月《げつ》曜《よう》

水《すい》曜《よう》

金《きん》曜《よう》日《び》の夜《よる》。

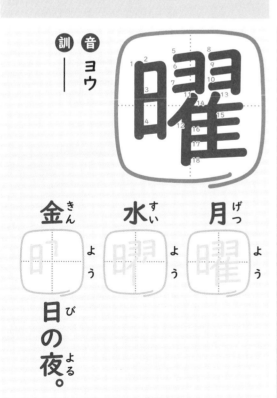

来・里・理・話

□ 手本《てほん》のかん字《じ》をゆびでなぞります。
□ にはかん字《じ》を頭《あたま》の中《なか》でおもいうかべてからかきましょう。

来

音 ライ
訓 く-る

来《らい》年《ねん》
来《らい》週《しゅう》
春《はる》が来《く》る。

里

音 リ
訓 さと

山《やま》里《ざと》
きょう里《り》
たまの里《さと》帰《がえ》り。

理

音 リ
訓 ―

理《り》科《か》
心《しん》理《り》
りょう理《り》教室《きょうしつ》。

話

音 ワ
訓 はな-す はなし

会《かい》話《わ》
話《はな》し手《て》
むかし話《ばなし》。

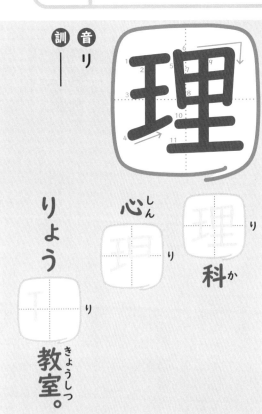

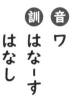

かん字 9-⑥

読みのたしかめ

つぎの文《ぶん》を読《よ》んで、―を引《ひ》いたかん字《じ》の読《よ》みを（　）にかきましょう。

① 歩道《どう》は手《て》をあげる。（　）

② 母国《こく》に帰《かえ》る。（　）

③ 方言《げん》で話《はな》す。（　）

④ 北海道《かいどう》に行《い》く。（　）

⑤ 毎月《つき》ちょ金《きん》する。（　）

⑥ 妹思《おも》いの姉《あね》。（　）

⑦ 一《いち》万円《えん》さつ。（　）

⑧ 明るい朝《あさ》。（　）

⑨ かねが鳴る。（　）

⑩ かみの毛をきる人《ひと》。（　）

⑪ 正《せい》門から入《はい》る。（　）

⑫ 夜中《なか》までかかる。（　）

⑬ 野外活《がいかつ》どう。（　）

⑭ 竹馬《ちくば》の友。（　）

⑮ 画《が》用紙《し》を切《き》る。（　）

⑯ 日《にち》曜日《び》は休《やす》み。（　）

⑰ 来週《しゅう》の木曜日《もくようび》。（　）

⑱ 山《やま》里の家《いえ》。（　）

⑲ 理科《か》室《しつ》に入《はい》る。（　）

⑳ テレビ電《でん》話。（　）

かん字 9-⑦

書きのたしかめ ①

■ つぎの文《ぶん》を読《よ》んで、□にあてはまるかん字《じ》を頭《あたま》の中《なか》でおもいうかべてからなぞりましょう。

① 歩《ほ》道《どう》は手《て》をあげる。

② 母《ぼ》国《こく》に帰《かえ》る。

③ 方《ほう》言《げん》で話《はな》す。

④ 北《ほっ》海道《かいどう》に行《い》く。

⑤ 毎《まい》月《つき》ちょ金《きん》する。

⑥ 妹《いもうと》思《おも》いの姉《あね》。

⑦ 一《いち》万《まん》円《えん》さつ。

⑧ 明《あか》るい朝《あさ》。

⑨ かねが鳴《な》る。

⑩ かみの毛《け》をきる人《ひと》。

⑪ 正《せい》門《もん》から入《はい》る。

⑫ 夜《よ》中《なか》までかかる。

⑬ 野《や》外活《がいかつ》どう。

⑭ 竹《ちく》馬《ば》の友《とも》。

⑮ 画《が》用《よう》紙《し》を切《き》る。

⑯ 日《にち》曜《よう》日《び》は休《やす》み。

⑰ 来《らい》週《しゅう》の木曜日《もくようび》。

⑱ 山《やま》里《ざと》の家《いえ》。

⑲ 理《り》科《か》室《しつ》に入《はい》る。

⑳ テレビ電《でん》話《わ》。

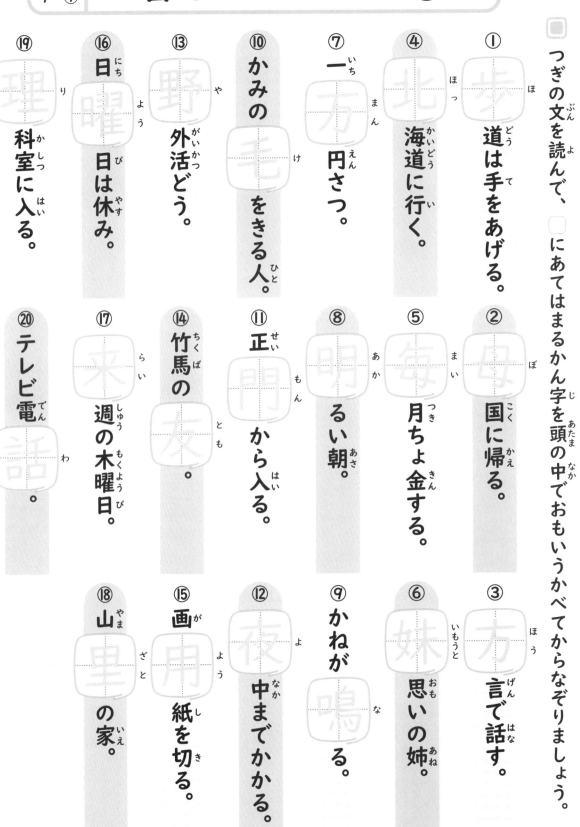

かん字 9-⑧

書きのたしかめ ②

■ つぎの文《ぶん》を読《よ》んで、□にあてはまるかん字《じ》を頭《あたま》の中《なか》でおもいうかべてからかきましょう。

① □《ほ》道《どう》は手《て》をあげる。

② □《ぼ》国《こく》に帰《かえ》る。

③ □《ほう》言《げん》で話《はな》す。

④ □《ほっ》海道《かいどう》に行《い》く。

⑤ □《まい》月《つき》ちょ金《きん》する。

⑥ □《いもうと》思《おも》いの姉《あね》。

⑦ 一《いち》□《まん》円《えん》さつ。

⑧ □《あか》るい朝《あさ》。

⑨ かねが□《な》る。

⑩ かみの□《け》をきる人《ひと》。

⑪ 正《せい》□《もん》から入《はい》る。

⑫ □《よ》中《なか》までかかる。

⑬ □《や》外活《がいかつ》どう。

⑭ 竹馬《ちくば》の□《とも》。

⑮ 画《が》□《よう》紙《し》を切《き》る。

⑯ 日《にち》□《よう》日《び》は休《やす》み。

⑰ □《らい》週《しゅう》の木曜日《もくようび》。

⑱ 山《やま》□《ざと》の家《いえ》。

⑲ □《り》科《か》室《しつ》に入《はい》る。

⑳ テレビ電《でん》□《わ》。

かん字 9-⑨

書きのたしかめ ③

■ つぎの文《ぶん》を読《よ》んで、□にあてはまるかん字《じ》を頭《あたま》の中《なか》でおもいうかべてからかきましょう。

① □《ほ》道《どう》は手《て》をあげる。

② □《ぼ》国《こく》に帰《かえ》る。

③ □《ほう》言《げん》で話《はな》す。

④ □《ほっ》海道《かいどう》に行《い》く。

⑤ □《まい》月《つき》ちょ金《きん》する。

⑥ □《いもうと》思《おも》いの姉《あね》。

⑦ 一《いち》□《まん》円《えん》さつ。

⑧ □《あか》るい朝《あさ》。

⑨ かねが□《な》る。

⑩ かみの□《け》をきる人《ひと》。

⑪ 正《せい》□《もん》から入《はい》る。

⑫ □《よ》中《なか》までかかる。

⑬ □《や》外活《がいかつ》どう。

⑭ 竹馬《ちくば》の□《とも》。

⑮ 画《が》□《よう》紙《し》を切《き》る。

⑯ 日《にち》□《よう》日《び》は休《やす》み。

⑰ □《らい》週《しゅう》の木曜日《もくようび》。

⑱ 山《やま》□《ざと》の家《いえ》。

⑲ □《り》科室《かしつ》に入《はい》る。

⑳ テレビ電《でん》□《わ》。

かん字めいろ ②

□ 正《ただ》しいかん字《じ》の道《みち》を通《とお》って、スタートからゴールまですすみます。正《ただ》しいかん字《じ》のみなぞりましょう。（さらにまちがいかん字《じ》を正《ただ》しく書《か》けたら花丸《はなまる》です）

	妹（まい）	毛《もう》	スタート
用《よう》	歩《ほ》	北《ほく》	毎《まい》
万《まん》	鳴《めい》	話《わ》	野《や》
方《ほう》	友《ゆう》	門《もん》	曜《よう》
埋《り》	夜《や》	母《ぼ》	明《めい》
ゴール	里《り》	来《らい》	

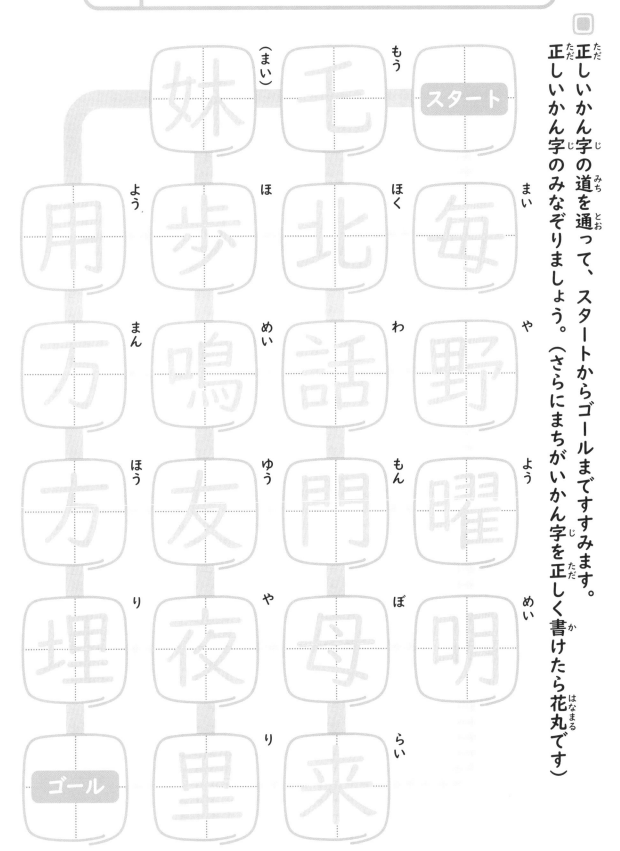

2年のふくしゅう ①

□ つぎの文《ぶん》を読《よ》んで、□にあてはまるかん字《じ》を頭《あたま》の中《なか》でおもいうかべてからかきましょう。

① 引《いん》力《りょく》をかんじる。

② 長《なが》い羽《はね》の鳥《とり》。

③ 雲《うん》海《かい》を見《み》に行《い》く。

④ どうぶつ園《えん》の人《ひと》。

⑤ 遠《えん》足《そく》の行《い》き先《さき》。

⑥ 何《なに》食《く》わぬ顔《かお》。

⑦ 理《り》科《か》のじゅぎょう。

⑧ 立《りっ》夏《か》の日《ひ》。

⑨ 家《いえ》が少《すく》ない。

⑩ 歌《か》しょうする。

⑪ 画《が》家《か》になる。

⑫ 体《からだ》を回《かい》転《てん》させる。

⑬ みんなでえん会《かい》。

⑭ 火《ひ》の海《うみ》になる。

⑮ 絵《かい》画《が》のかんしょう。

⑯ 外《げ》科《か》の手《しゅ》じゅつ。

⑰ 三《さん》角《かく》形《けい》の点《てん》。

⑱ 楽《たの》しいあそび。

⑲ マラソンで活《かつ》やく。

⑳ 木《き》と木《き》の間《あいだ》。

2年のふくしゅう ②

■ つぎの文《ぶん》を読《よ》んで、□にあてはまるかん字《じ》を頭《あたま》の中《なか》でおもいうかべてからかきましょう。

① てっぽうのだん丸《がん》。

② 岩《がん》石《せき》をころがす。

③ せん顔《がん》をする。

④ 汽《き》てきがなる。

⑤ 気《き》もちを記《しる》す。

⑥ 帰《き》たくの時間《じかん》。

⑦ 弓《ゆみ》矢《や》をそろえる。

⑧ 牛《ぎゅう》にゅうをのむ。

⑨ 海《うみ》で魚《さかな》つり。

⑩ 上《じょう》京《きょう》する日《ひ》。

⑪ 強《きょう》力《りょく》なのり。

⑫ 一年生《いちねんせい》に教《おし》える。

⑬ さい近《きん》の話《はなし》。

⑭ 兄《きょう》弟《だい》がいる。

⑮ 四《し》角《かく》形《けい》のパズル。

⑯ タイミングを計《はか》る。

⑰ 元《がん》日《じつ》のごはん。

⑱ じょうだんを言《い》う。

⑲ ドラマの原《げん》作《さく》。

⑳ 白《しろ》い戸《と》をしめる。

かん字 10-③

2年のふくしゅう ③

■ つぎの文《ぶん》を読《よ》んで、□にあてはまるかん字《じ》を頭《あたま》の中《なか》でおもいうかべてからかきましょう。

① 中《ちゅう》古《こ》の車《くるま》。

② 午《ご》前《ぜん》中《ちゅう》に出《で》かける。

③ 後《うし》ろをふりむく。

④ すきなことを語《かた》る。

⑤ 校《こう》しゃの工《こう》じ。

⑥ 公《こう》立《りつ》の学校《がっこう》。

⑦ あつまる広《ひろ》場《ば》。

⑧ 線《せん》と線《せん》が交《まじ》わる。

⑨ 日《にっ》光《こう》がさす。

⑩ ふかく思《し》考《こう》する。

⑪ 文《ぶん》しょうの一《いち》行《ぎょう》目《め》。

⑫ 高《こう》原《げん》を歩《ある》く。

⑬ 黄《おう》土《ど》色《いろ》の絵《え》のぐ。

⑭ 字《じ》を合《がっ》体《たい》させる。

⑮ 谷《たに》にながれる川《かわ》。

⑯ 母《ぼ》国《こく》の言《げん》語《ご》。

⑰ えんぴつの黒《こく》えん。

⑱ 今《いま》はむかし。

⑲ 天《てん》才《さい》のもの語《がたり》。

⑳ 細《ほそ》い道《みち》に入《はい》る。

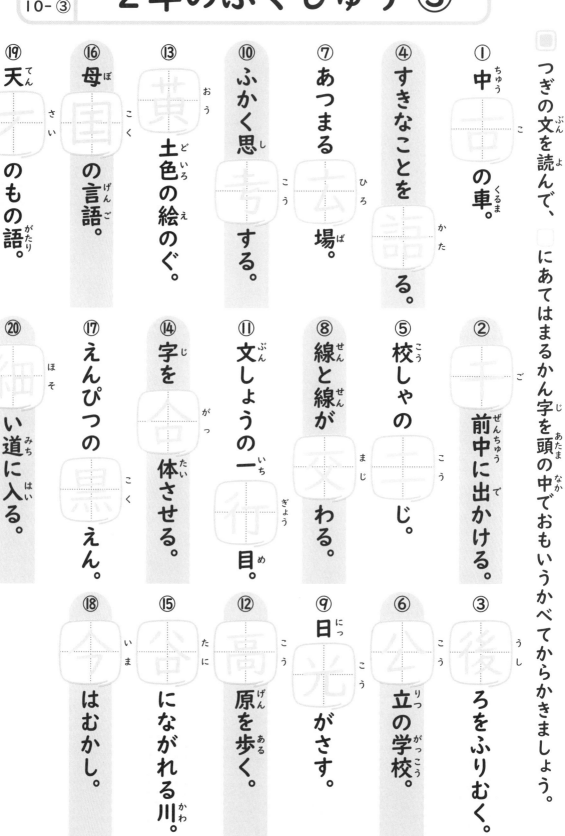

かん字 10-④

２年のふくしゅう ④

つぎの文《ぶん》を読《よ》んで、□にあてはまるかん字《じ》を頭《あたま》の中《なか》でおもいうかべてからかきましょう。

① じぶんで作《つく》る。

② あん算《ざん》をする。

③ 白線《はくせん》で止《と》まる車《くるま》。

④ 市《し》のしせつに行《い》く。

⑤ 火《ひ》の矢《や》をいる。

⑥ 姉《あね》の友《とも》だちに会《あ》う。

⑦ い思《し》をつたえる。

⑧ 新聞《しんぶん》紙《し》を読《よ》む。

⑨ 家《いえ》の近《ちか》くの寺《じ》社《しゃ》。

⑩ 自《みずか》らはつ言《げん》する。

⑪ 時《とき》をさかのぼる。

⑫ 理科《りか》室《しつ》でじっけん。

⑬ 寺《てら》の社《やしろ》にまいる。

⑭ 海水《かいすい》に弱《よわ》いはだ。

⑮ 自《じ》首《しゅ》をする。

⑯ 秋《あき》にたべるサンマ。

⑰ 一《いっ》週《しゅう》間《かん》のよてい。

⑱ 青《せい》春《しゅん》が来《き》た。

⑲ 書《か》く文字《もじ》。

⑳ 小《しょう》年《ねん》とあそぶ。

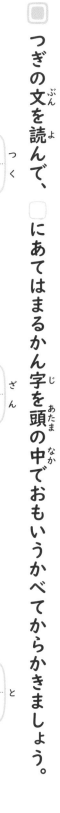

かん字
10-⑤

2年のふくしゅう ⑤

□ つぎの文《ぶん》を読《よ》んで、□にあてはまるかん字《じ》を頭《あたま》の中《なか》でおもいうかべてからかきましょう。

① 場《ば》しょをしらべる。

② 色《いろ》とりどりの花《はな》。

③ お米《こめ》を食《た》べる。

④ 円《えん》の中《ちゅう》心《しん》点《てん》。

⑤ 新《あたら》しいちょうせん。

⑥ 親《しん》友《ゆう》の家《いえ》のにわ。

⑦ 図《ず》にのる。

⑧ ゆびで数《かぞ》える。

⑨ 西《にし》にしずむ夕《ゆう》日《ひ》。

⑩ 音《おん》声《せい》をろく音《おん》する。

⑪ 星《せい》間《かん》ひ行《こう》をする。

⑫ 気《き》を晴《は》らす。

⑬ きれいに切《き》る。

⑭ 雪《せつ》原《げん》でソリにのる。

⑮ 風《ふう》船《せん》がうかぶ。

⑯ 線《せん》上《じょう》を歩《ある》く。

⑰ 前《ぜん》日《じつ》に出《で》かけた。

⑱ 組《くみ》合《あい》を作《つく》る。

⑲ リレーで走《はし》る。

⑳ 多《た》少《しょう》の間《ま》ちがい。

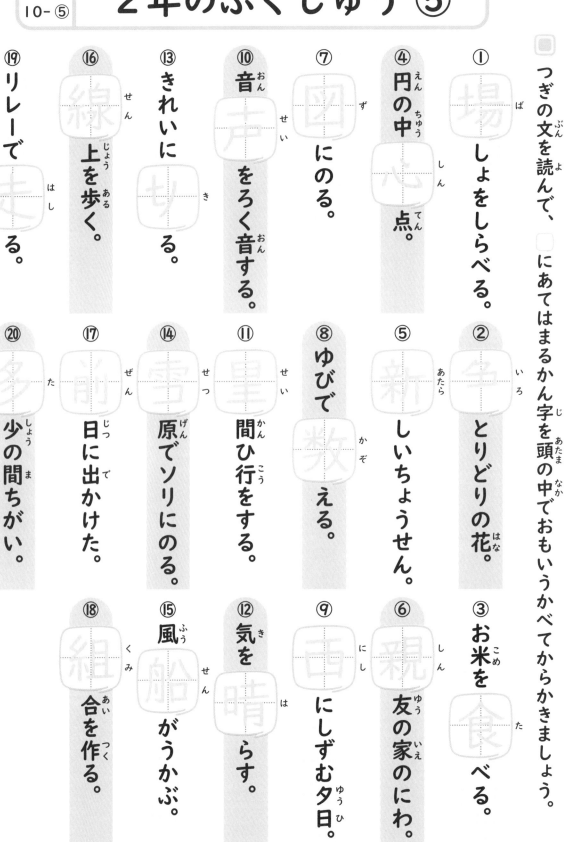

2年のふくしゅう ⑥

□ つぎの文《ぶん》を読《よ》んで、□にあてはまるかん字《じ》を頭《あたま》の中《なか》でおもいうかべてからかきましょう。

① 太《ふと》い線《せん》を引《ひ》く。

② 人《じん》体《たい》もけい。

③ 土《ど》台《だい》を作《つく》る。

④ 大《だい》地《ち》に広《ひろ》がる。

⑤ 電《でん》池《ち》をはめる。

⑥ 高《こう》知《ち》の親《しん》せき。

⑦ 麦《むぎ》茶《ちゃ》をのむ。

⑧ 昼《ひる》に姉《あね》と会《あ》う。

⑨ 長《なが》ぐつをはく。

⑩ 鳥《とり》があつまる公園《こうえん》。

⑪ 朝《ちょう》食《しょく》の目《め》玉《だま》やき。

⑫ 直《ちょく》線《せん》ときょく線《せん》。

⑬ 学校《がっこう》への通《とお》り道《みち》。

⑭ 兄《あに》と弟《おとうと》でけんか。

⑮ 店《みせ》をひらく時間《じかん》。

⑯ 点《てん》数《すう》を数《かぞ》える。

⑰ 電《でん》気《き》がながれる。

⑱ 木《ぼく》刀《とう》をふる。

⑲ 冬《とう》みん中《ちゅう》のくま。

⑳ 当《とう》せん番《ばん》ごう。

かん字
10-⑦

2年のふくしゅう ⑦

□ つぎの文《ぶん》を読《よ》んで、□にあてはまるかん字《じ》を頭《あたま》の中《なか》でおもいうかべてからかきましょう。

① 東《ひがし》から日《ひ》がのぼる。

④ 同《おな》じ名前《なまえ》の人《ひと》。

⑦ 口《こう》内《ない》えんになる。

⑩ 馬《ば》車《しゃ》にのる。

⑬ 麦《むぎ》のしゅうかく。

⑯ 父《ふ》母《ぼ》とのあいさつ。

⑲ 学校新《がっこうしん》聞《ぶん》を読《よ》む。

② クイズのかい答《とう》。

⑤ 道《みち》にまよいやすい。

⑧ 南《なん》東《とう》の島《しま》。

⑪ 売《う》りもののペン。

⑭ 人生《じんせい》の半《なか》ば。

⑰ 北《きた》から風《かぜ》がふく。

⑳ 白《しろ》い米《こめ》をたく。

③ 犬《いぬ》の頭《あたま》をなでる。

⑥ 読《よ》み間《ま》ちがい。

⑨ やき肉《にく》べん当《とう》。

⑫ 店《みせ》で売《ばい》買《ばい》する。

⑮ げきの出《で》番《ばん》をまつ。

⑱ 半《はん》分《ぶん》に切《き》る。

2年のふくしゅう ⑧

□ つぎの文《ぶん》を読《よ》んで、□にあてはまるかん字《じ》を頭《あたま》の中《なか》でおもいうかべてからかきましょう。

① 歩《ある》きで通《かよ》う。

② 母《はは》の子《こ》もりうた。

③ 親《おや》方《かた》に教《おそ》わる。

④ 北《きた》の海《うみ》にすむ魚《さかな》。

⑤ 毎《まい》朝《あさ》のはみがき。

⑥ 兄《あに》がすきな妹《いもうと》。

⑦ 一千《いっせん》万《まん》人《にん》。

⑧ 先生《せんせい》からのせつ明《めい》。

⑨ ブザーを鳴《な》らす。

⑩ 二《に》毛《もう》作《さく》をする。

⑪ 野《や》きゅうの名《めい》門《もん》。

⑫ 夜《よる》に走《はし》る。

⑬ 野《の》原《はら》いっぱい。

⑭ 友《ゆう》人《じん》とまち合《あ》わせ。

⑮ りょう理《り》に用《もち》いる。

⑯ 金《きん》曜《よう》日《び》の夜《よる》。

⑰ 遠方《えんぽう》から来《く》る。

⑱ 千《せん》里《り》の道《みち》。

⑲ 心《しん》理《り》学《がく》のべん強《きょう》。

⑳ 話《はな》し合《あ》いをする。

まとめ 1-① 2年でならうかん字 ①

□ つぎのかん字《じ》を読《よ》んで、□にあてはまるかん字《じ》を頭《あたま》の中《なか》でおもいうかべてからなぞりましょう。

① 引　イン用　ひ-く
② 羽　(ウ)　はね
③ 雲　ウン海　くも
④ 園　公エン
⑤ 遠　エン足　とお-い
⑥ 何　(カ)　なん人
⑦ 科　カ学

⑧ 夏　しょカ　なつ
⑨ 家　カぞく　いえ
⑩ 歌　カ手　うた-う
⑪ 画　名ガ
⑫ 回　カイ数　まわ-す
⑬ 会　カイ長　あ-う
⑭ 海　カイ水　うみ

⑮ 絵　カイ画
⑯ 外　ガイ出　そと
⑰ 角　方ガク　かど
⑱ 楽　音ガク　たの-しい
⑲ 活　生カツ
⑳ 間　時カン　あいだ
㉑ 丸　一ガン　まる-い

㉒ 岩　ガン石　いわ
㉓ 顔　せんガン　かお
㉔ 汽　キ車
㉕ 記　日キ　しる-す
㉖ 帰　キ国　かえ-る
㉗ 弓　(キュウ)　ゆみ
㉘ 牛　ギュウ肉　うし

㉙ 魚　金ギョ　さかな
㉚ 京　東キョウ
㉛ 強　キョウ行　つよ-い
㉜ 教　キョウ室　おし-える
㉝ 近　遠キン　ちか-い
㉞ 兄　キョウ弟　あに

㉟ 形　図ケイ　かたち
㊱ 計　ケイ算　はか-る
㊲ 元　ゲン気　もと
㊳ 言　方ゲン　い-う
㊴ 原　草ゲン　野はら
㊵ 戸　コ外　と

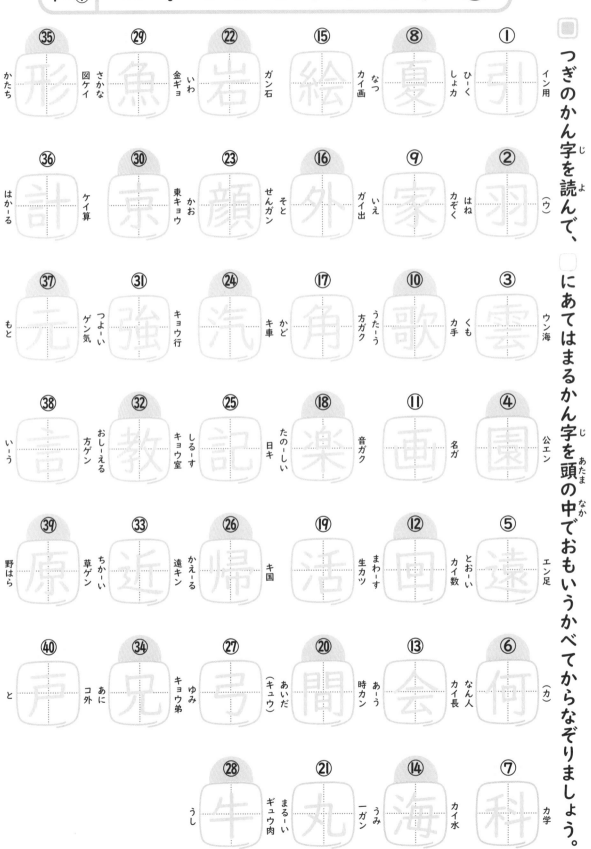

まとめ 1-②

2年でならうかん字 ②

ゴール　スタート

■ つぎのかん字《じ》を読《よ》んで、□にあてはまるかん字《じ》を頭《あたま》の中《なか》でおもいうかべてからなぞりましょう。

① 古　コ風　ふる-い
② 午　正ゴ
③ 後　前ゴ　うし-ろ
④ 語　国ゴ　かた-る
⑤ 工　図コウ
⑥ 公　コウ園
⑦ 広　コウこく　ひろ-い
⑧ 交　コウ通　まじ-わる
⑨ 光　日コウ　ひか-る
⑩ 考　コウ古学　かんが-える
⑪ 行　通コウ　い-く
⑫ 高　コウ校　たか-い
⑬ 黄　オウ金　き
⑭ 合　ゴウ計　あ-う
⑮ 谷　(コク)　たに
⑯ 国　コク王　くに
⑰ 黒　コクとう　くろ
⑱ 今　コン回　いま
⑲ 才　天サイ
⑳ 細　明サイ　ほそ-い
㉑ 作　サク文　つく-る
㉒ 算　サン数
㉓ 止　中シ　と-まる
㉔ 市　シ長　いち
㉕ 矢　(シ)　や
㉖ 姉　(シ)　あね
㉗ 思　シ考　おも-う
㉘ 紙　色シ　かみ
㉙ 寺　ジ社　てら
㉚ 自　ジ作　みずか-ら
㉛ 時　ジ間　とき
㉜ 室　教シツ
㉝ 社　シャ長　やしろ
㉞ 弱　強ジャク　よわ-い
㉟ 首　自シュ　くび
㊱ 秋　立シュウ　あき
㊲ 週　今シュウ
㊳ 春　青シュン　はる
㊴ 書　図ショ　か-く
㊵ 少　ショウ年　すく-ない

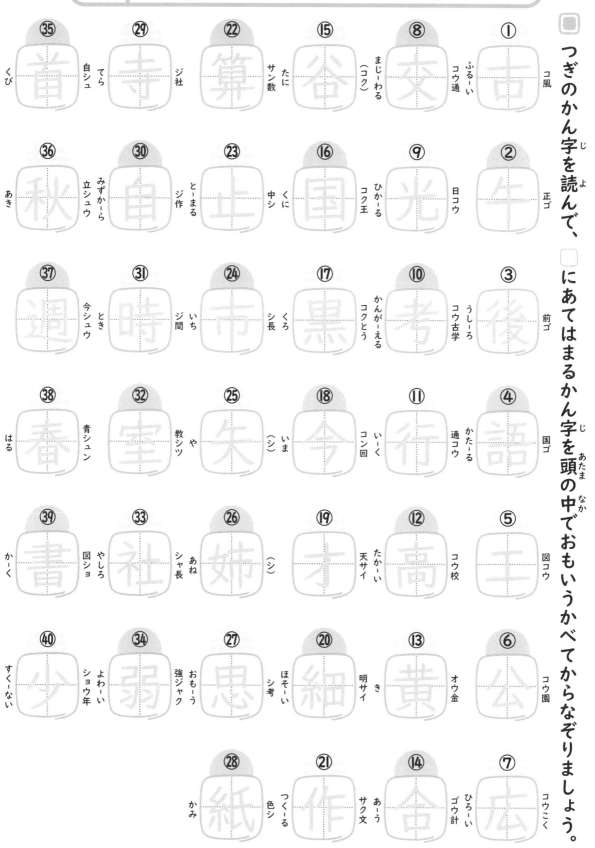

まとめ 1-③

2年でならうかん字 ③

□つぎのかん字《じ》を読《よ》んで、□にあてはまるかん字《じ》を頭《あたま》の中《なか》でおもいうかべてからなぞりましょう。

① 場　会ジョウ　ば
② 色　原ショク　いろ
③ 食　ショク後　た-べる
④ 心　中シン　こころ
⑤ 新　シン年　あたら-しい
⑥ 親　シン切　おや
⑦ 図　ズ画

⑧ 数　スウ字　かぞ-える
⑨ 西　南セイ　にし
⑩ 声　音セイ　こえ
⑪ 星　火セイ　ほし
⑫ 晴　セイ天　は-れる
⑬ 切　大セツ　き-る
⑭ 雪　新セツ　ゆき

⑮ 船　セン長　ふね
⑯ 線　点セン
⑰ 前　ゼン線　まえ
⑱ 組　ソしき　くみ
⑲ 走　ソウ行　はし-る
⑳ 多　タ数　おお-い
㉑ 太　丸タ　ふと-い

㉒ 体　天タイ　からだ
㉓ 台　ダイ形
㉔ 地　チ下
㉕ 池　電チ　いけ
㉖ 知　チ人　し-る
㉗ 茶　チャ色
㉘ 昼　チュウ食　ひる

㉙ 長　チョウ女　なが-い
㉚ 鳥　白チョウ　とり
㉛ 朝　チョウ会　あさ
㉜ 直　チョク線　なお-す
㉝ 通　交ツウ　とお-る
㉞ 弟　兄ダイ　おとうと

㉟ 店　テン頭　みせ
㊱ 点　弱テン
㊲ 電　デン気
㊳ 刀　名トウ　かたな
㊴ 冬　立トウ　ふゆ
㊵ 当　トウ日　あ-たる

ゴール　スタート

まとめ 1-④

2年でならうかん字 ④

つぎのかん字《じ》を読《よ》んで、□にあてはまるかん字《じ》を頭《あたま》の中《なか》でおもいうかべてからなぞりましょう。

① トウ海道　東　ひがし
② 回トウ　答　こたーえ
③ 先トウ　頭　あたま
④ ドウ点　同　おなーじ
⑤ 水ドウ　道　みち
⑥ ドク書　読　よーむ
⑦ ナイ心　内　うち
⑧ ナン国　南　みなみ
⑨ 牛ニク　肉
⑩ バ車　馬　うま
⑪ バイ店　売　うーる
⑫ 売バイ　買　かーう
⑬ （バク）　麦　むぎ
⑭ ハン分　半　なかーば
⑮ バン組　番
⑯ フ母　父　ちち
⑰ 台フウ　風　かぜ
⑱ 七フン　分　わーける
⑲ 新ブン　聞　きーく
⑳ ベイ国　米　こめ
㉑ ホ行　歩　あるーく
㉒ ボ校　母　はは
㉓ ホウ角　方　かた
㉔ ホク東　北　きた
㉕ マイ回　毎
㉖ （マイ）　妹　いもうと
㉗ マン年　万
㉘ メイ白　明　あーかり
㉙ ヒメイ　鳴　なーく
㉚ うモウ　毛　け
㉛ 校モン　門
㉜ ヤ間　夜　よる
㉝ 平ヤ　野　の
㉞ 親ユウ　友　とも
㉟ ヨウ心　用　もちーいる
㊱ 月ヨウ　曜
㊲ ライ週　来　くーる
㊳ 古リ　里　さと
㊴ リ科　理
㊵ 会ワ　話　はなーす

まとめ 2-①

2年でならうかん字 ⑤

□ つぎのかん字《じ》を読《よ》んで、□にあてはまるかん字《じ》を頭《あたま》の中《なか》でおもいうかべてからかきましょう。

① イン用　ひーく
② （ウ）　はね
③ ウン海　くも
④ 公エン
⑤ エン足　とおーい
⑥ （カ）　なん人
⑦ カ学
⑧ しょカ　なつ
⑨ カぞく　いえ
⑩ カ手　うたーう
⑪ 名ガ
⑫ カイ数　まわーす
⑬ カイ長　あーう
⑭ カイ水　うみ
⑮ カイ画
⑯ ガイ出　そと
⑰ 方ガク　かど
⑱ 音ガク　たのーしい
⑲ 生カツ
⑳ 時カン　あいだ
㉑ 一ガン　まるーい
㉒ ガン石　いわ
㉓ せんガン　かお
㉔ キ車
㉕ 日キ　しるーす
㉖ キ国　かえーる
㉗ （キュウ）　ゆみ
㉘ ギュウ肉　うし
㉙ 金ギョ　さかな
㉚ 東キョウ
㉛ キョウ行　つよーい
㉜ キョウ室　おしーえる
㉝ 遠キン　ちかーい
㉞ キョウ弟　あに
㉟ 図ケイ　かたち
㊱ ケイ算　はかーる
㊲ ゲン気　もと
㊳ 方ゲン　いーう
㊴ 草ゲン　野はら
㊵ コ外　と

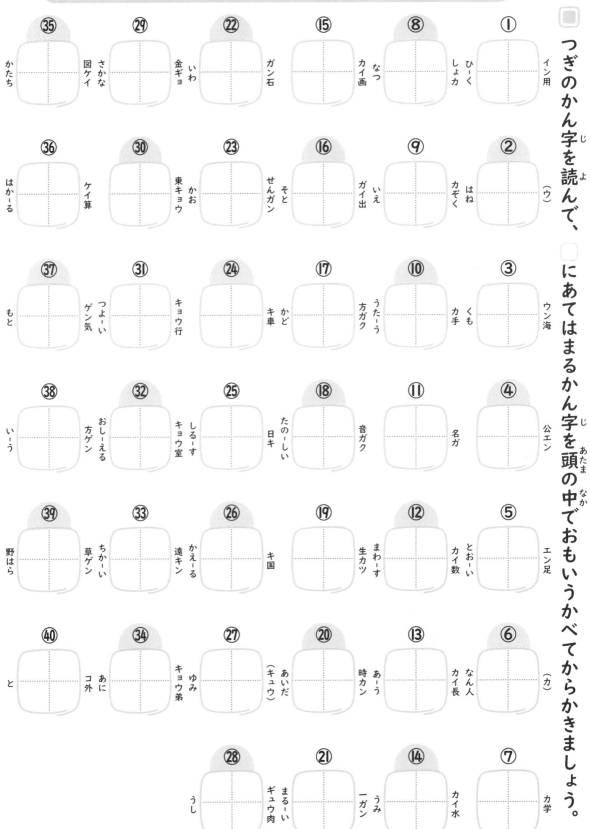

ゴール　スタート

まとめ 2-②

2年でならうかん字 ⑥

■ つぎのかん字《じ》を読《よ》んで、□にあてはまるかん字《じ》を頭《あたま》の中《なか》でおもいうかべてからかきましょう。

① コ風　ふる-い
② 正ゴ
③ 前ゴ　うし-ろ
④ 国ゴ　かた-る
⑤ 図コウ
⑥ コウ園
⑦ コウこく　ひろ-い
⑧ コウ通　まじ-わる
⑨ 日コウ　ひか-る
⑩ コウ古学　かんが-える
⑪ 通コウ　い-く
⑫ コウ校　たか-い
⑬ オウ金　き
⑭ ゴウ計　あ-う
⑮ (コク)　たに
⑯ コク王　くに
⑰ コクとう　くろ
⑱ コン回　いま
⑲ 天サイ
⑳ 明サイ　ほそ-い
㉑ サク文　つく-る
㉒ サン数
㉓ 中シ　と-まる
㉔ シ長　いち
㉕ (シ)　や
㉖ (シ)　あね
㉗ シ考　おも-う
㉘ 色シ　かみ
㉙ ジ社　てら
㉚ ジ作　みずか-ら
㉛ ジ間　とき
㉜ 教シツ
㉝ シャ長　やしろ
㉞ 強ジャク　よわ-い
㉟ 自シュ　くび
㊱ 立シュウ　あき
㊲ 今シュウ
㊳ 青シュン　はる
㊴ 図ショ　か-く
㊵ ショウ年　すく-ない

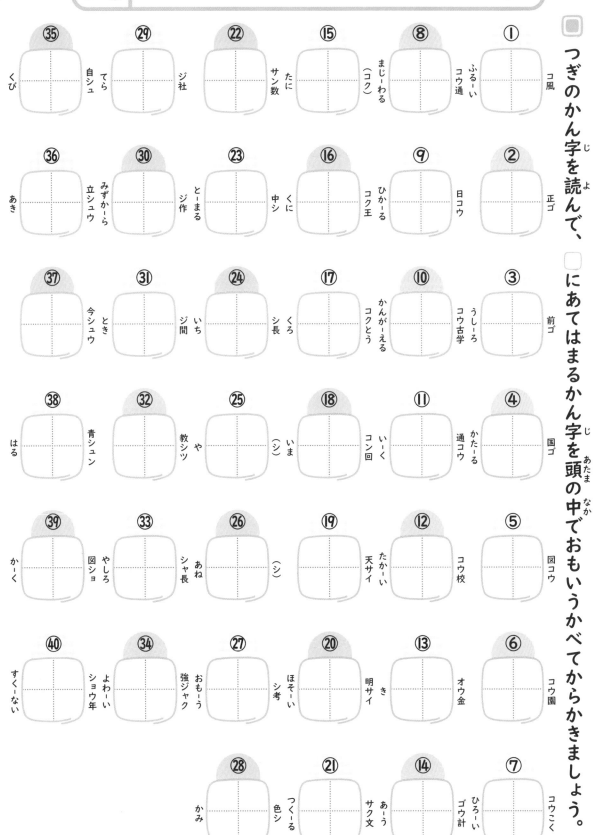

まとめ 2-③ 2年でならうかん字 ⑦

□ つぎのかん字《じ》を読《よ》んで、□にあてはまるかん字《じ》を頭《あたま》の中《なか》でおもいうかべてからかきましょう。

① 会ジョウ　ば
② 原ショク　いろ
③ ショク後　た-べる
④ 中シン　こころ
⑤ シン年　あたら-しい
⑥ シン切　おや
⑦ ズ画
⑧ スウ字　かぞ-える
⑨ 南セイ　にし
⑩ 音セイ　こえ
⑪ 火セイ　ほし
⑫ セイ天　は-れる
⑬ 大セツ　き-る
⑭ 新セツ　ゆき
⑮ セン長　ふね
⑯ 点セン
⑰ ゼン線　まえ
⑱ ソしき　くみ
⑲ ソウ行　はし-る
⑳ タ数　おお-い
㉑ 丸タ　ふと-い
㉒ 天タイ　からだ
㉓ ダイ形
㉔ チ下
㉕ 電チ　いけ
㉖ チ人　し-る
㉗ チャ色
㉘ チュウ食　ひる
㉙ チョウ女　なが-い
㉚ 白チョウ　とり
㉛ チョウ会　あさ
㉜ チョク線　なお-す
㉝ 交ツウ　とお-る
㉞ 兄ダイ　おとうと
㉟ テン頭　みせ
㊱ 弱テン
㊲ デン気
㊳ 名トウ　かたな
㊴ 立トウ　ふゆ
㊵ トウ日　あ-たる

ゴール　スタート

まとめ 2-④ 2年でならうかん字 ⑧

■ つぎのかん字《じ》を読《よ》んで、□にあてはまるかん字《じ》を頭《あたま》の中《なか》でおもいうかべてからかきましょう。

① トウ海道　ひがし
② 回トウ　こたーえ
③ 先トウ　あたま
④ ドウ点　おなーじ
⑤ 水ドウ　みち
⑥ ドク書　よーむ
⑦ ナイ心　うち
⑧ ナン国　みなみ
⑨ 牛ニク
⑩ バ車　うま
⑪ バイ店　うーる
⑫ 売バイ　かーう
⑬ （バク）　むぎ
⑭ ハン分　なかーば
⑮ バン組
⑯ フ母　ちち
⑰ 台フウ　かぜ
⑱ 七フン　わーける
⑲ 新ブン　きーく
⑳ ベイ国　こめ
㉑ ホ行　あるーく
㉒ ボ校　はは
㉓ ホウ角　かた
㉔ ホク東　きた
㉕ マイ回
㉖ （マイ）　いもうと
㉗ マン年
㉘ メイ白　あーかり
㉙ ひメイ　なーく
㉚ うモウ　け
㉛ 校モン
㉜ ヤ間　よる
㉝ 平ヤ　の
㉞ 親ユウ　とも
㉟ ヨウ心　もちーいる
㊱ 月ヨウ
㊲ ライ週　くーる
㊳ 古リ　さと
㊴ リ科
㊵ 会ワ　はなーす

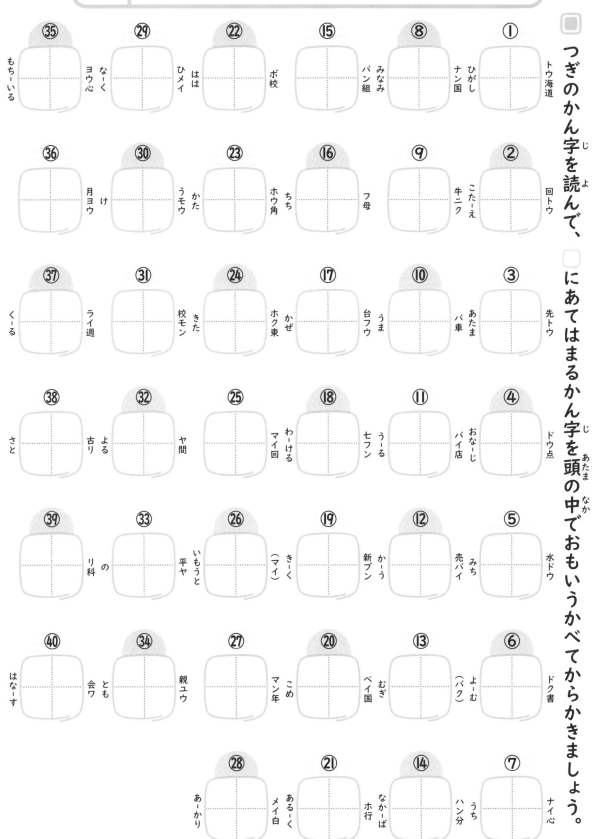

答　え

〔P.31〕

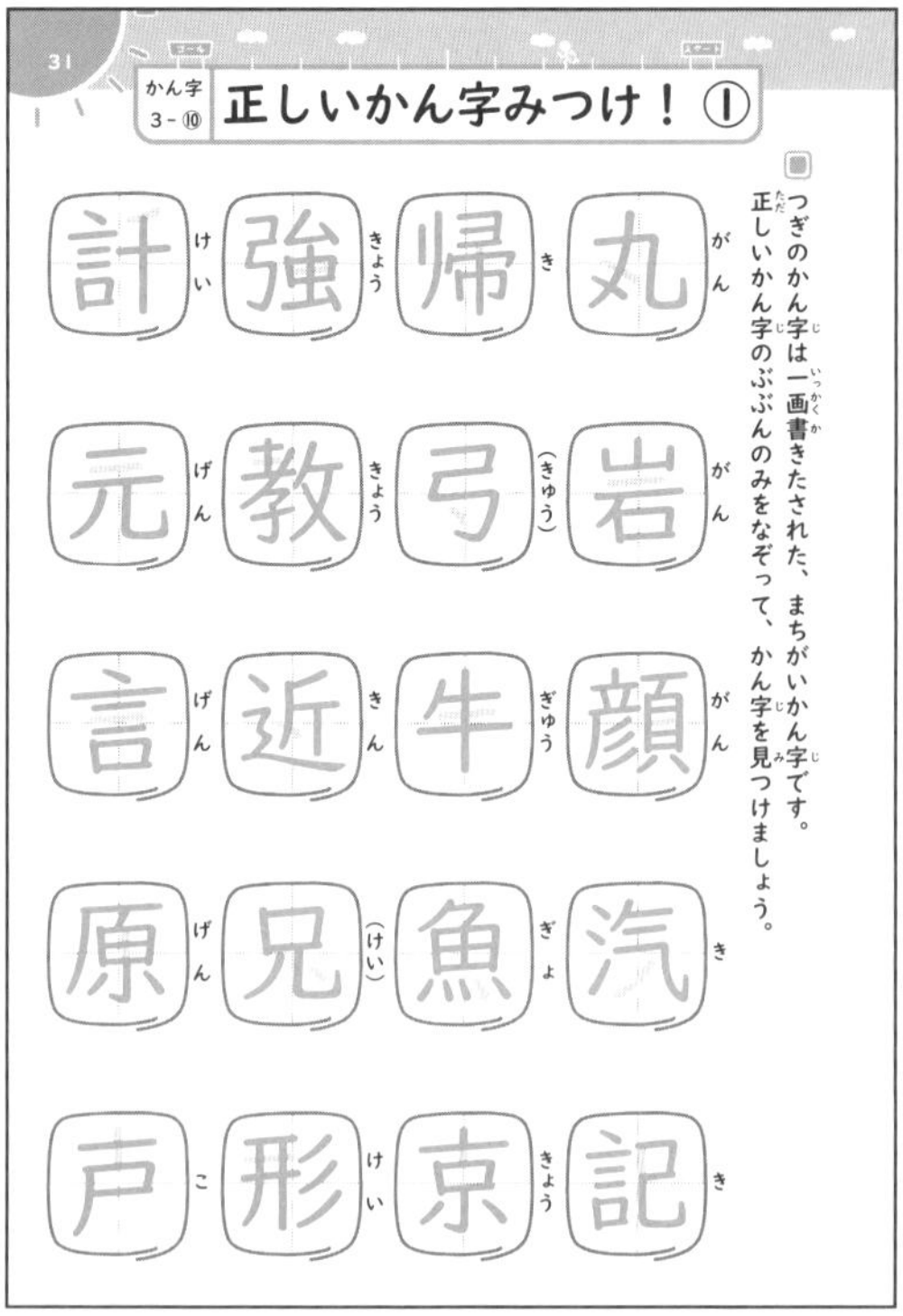

※丸・顔・魚・牛・教・形・元・言は線の本数や向きがあっていれば正かいです。

〔P.11〕

〔P.21〕

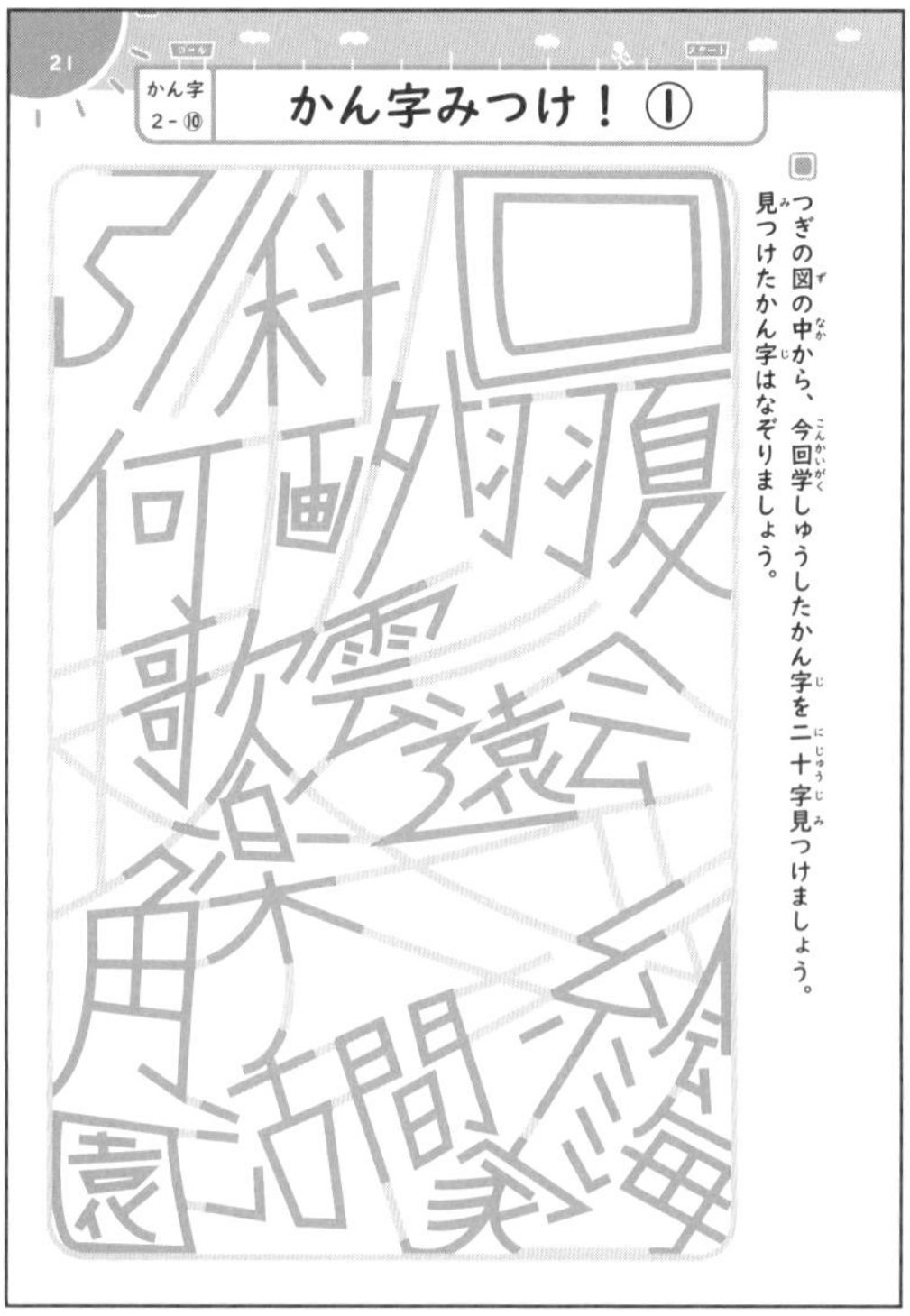

〔P.61〕

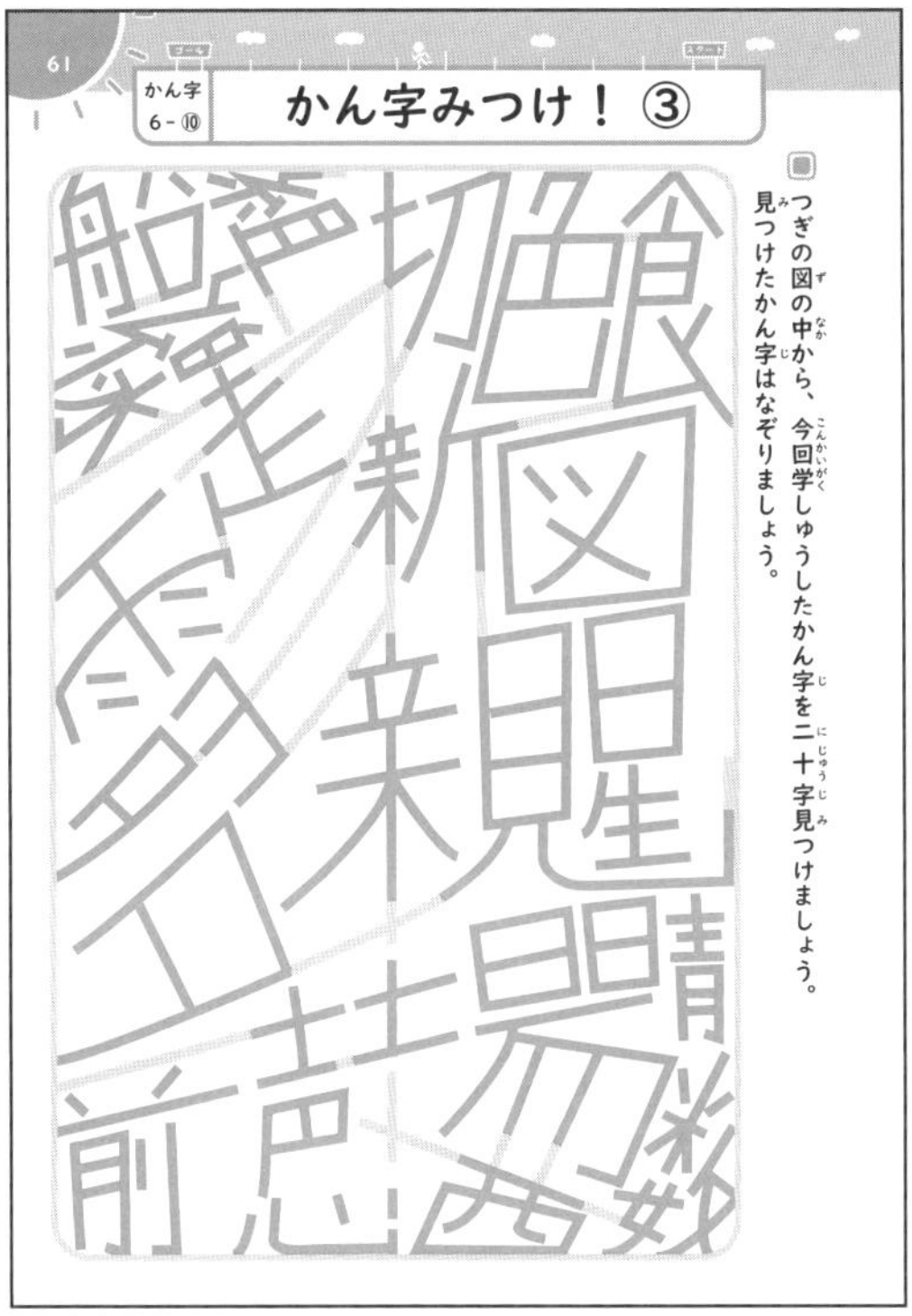
61
かん字 6－⑩
かん字みつけ！ ③
つぎの図《ず》の中《なか》から、今回学《こんかいがく》しゅうしたかん字《じ》を二十字《にじゅうじ》見《み》つけましょう。見《み》つけたかん字《じ》はなぞりましょう。

〔P.41〕

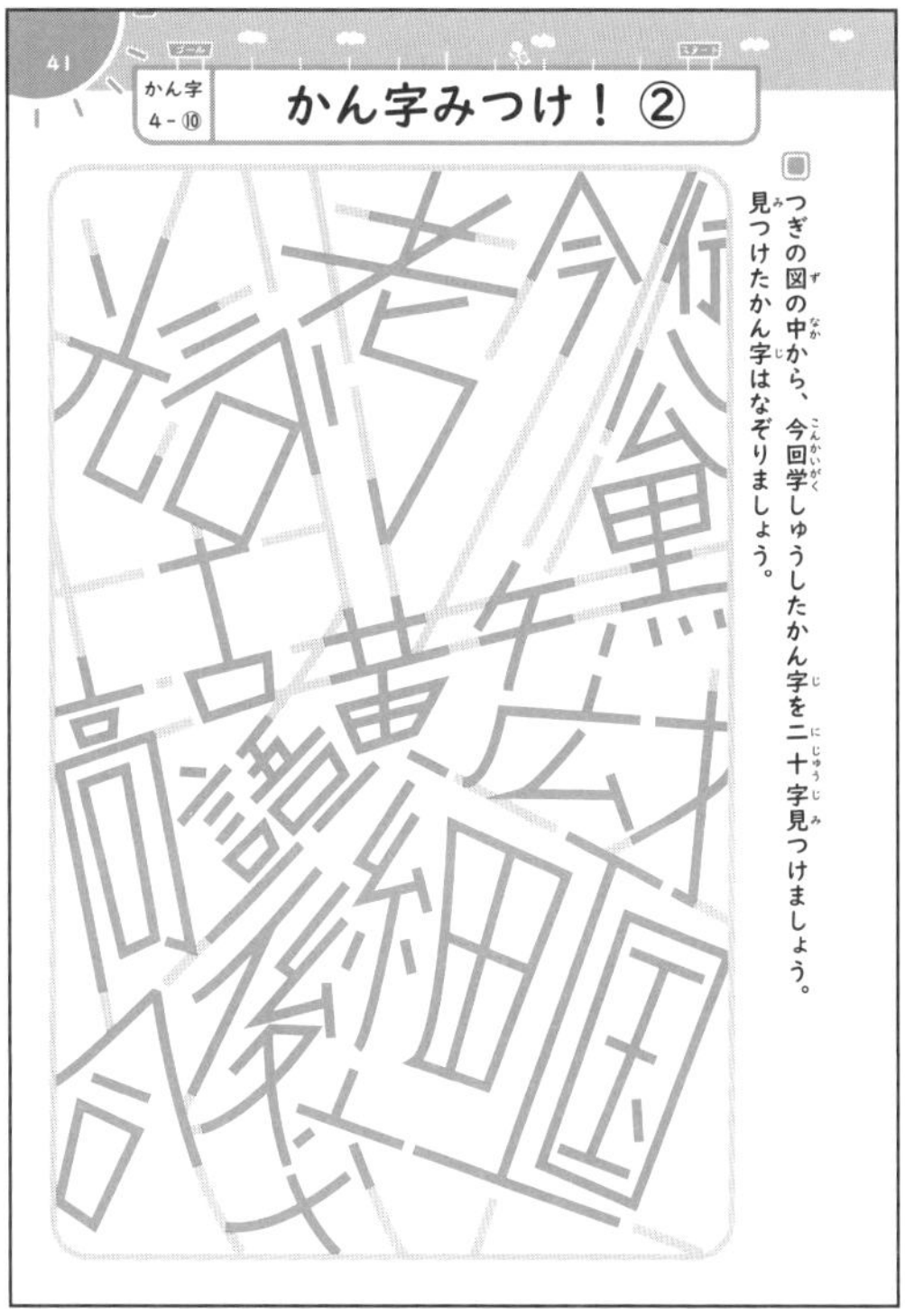
41
かん字 4－⑩
かん字みつけ！ ②
つぎの図《ず》の中《なか》から、今回学《こんかいがく》しゅうしたかん字《じ》を二十字《にじゅうじ》見《み》つけましょう。見《み》つけたかん字《じ》はなぞりましょう。

〔P.51〕

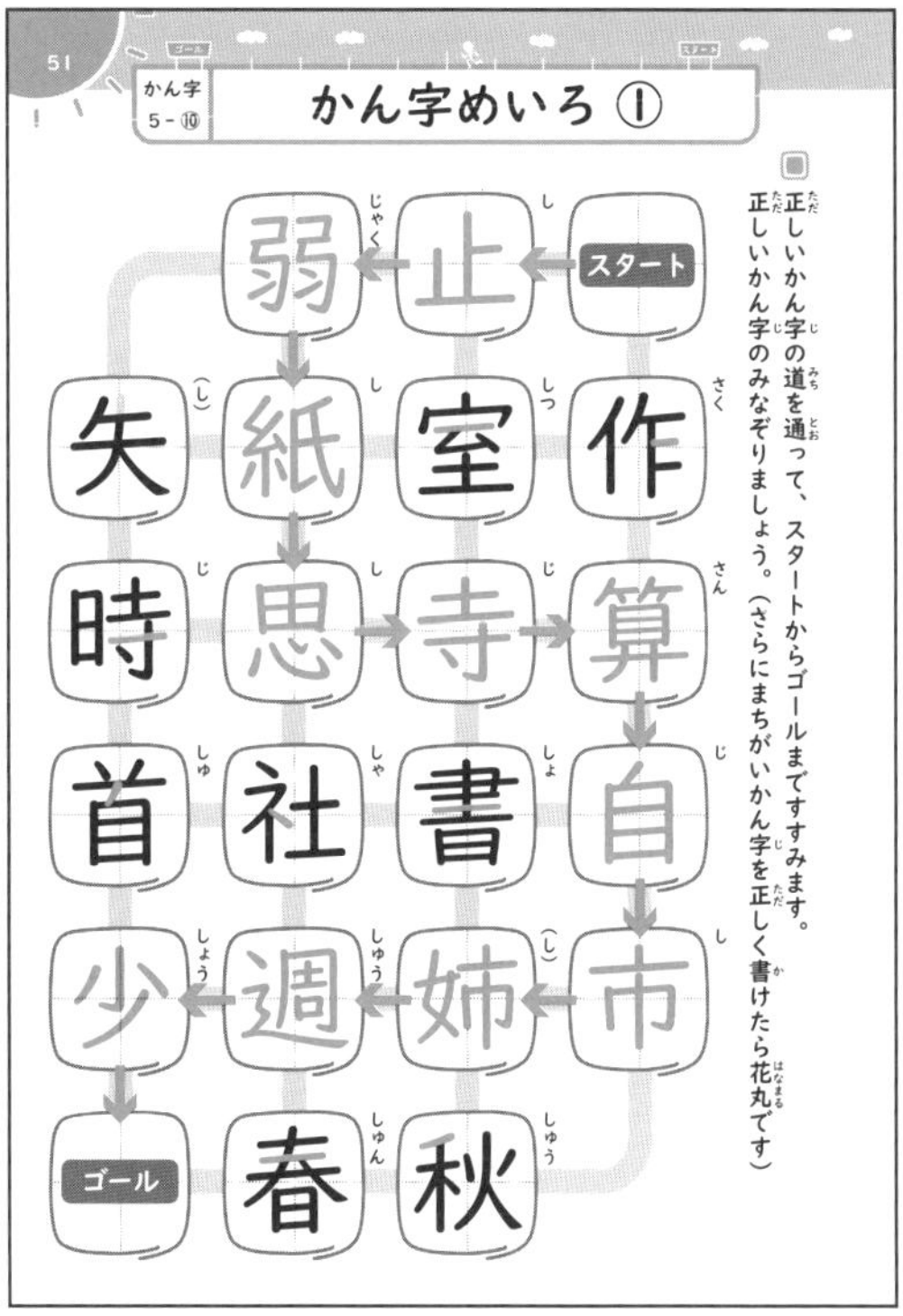
51
かん字 5－⑩
かん字めいろ ①
正《ただ》しいかん字《じ》の道《みち》を通《とお》って、スタートからゴールまですすみます。正《ただ》しいかん字《じ》のみなぞりましょう。（さらにまちがいかん字《じ》を正《ただ》しく書《か》けたら花丸《はなまる》です）
弱 じゃく
止 し
スタート
矢 (し)
紙 し
室 しつ
作 さく
時 じ
思 し
寺 じ
算 さん
首 しゅ
社 しゃ
書 しょ
自 じ
少 しょう
週 しゅう
姉 (し)
市 し
ゴール
春 しゅん
秋 しゅう

〔P.91〕

〔P.71〕

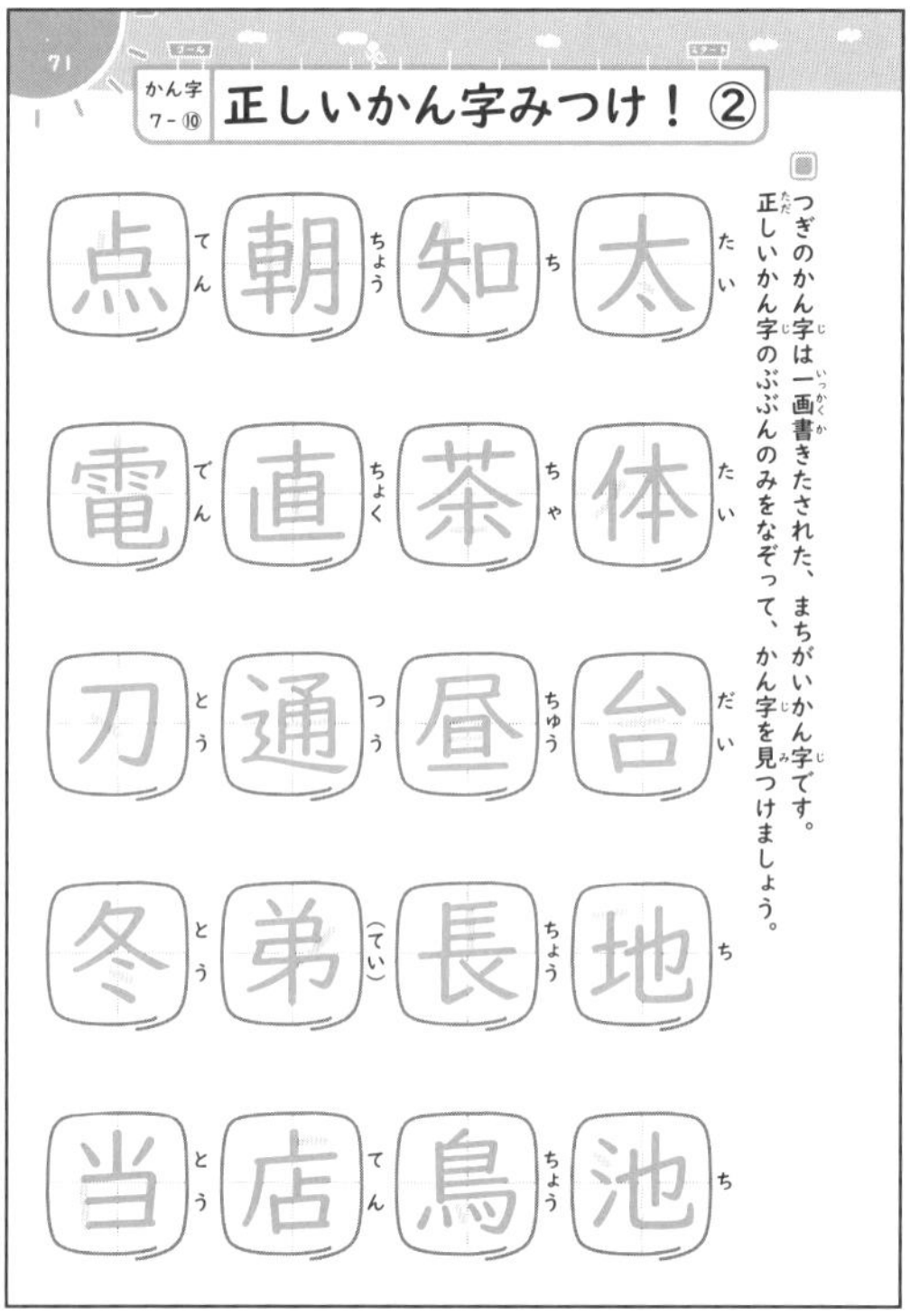

※太・池・昼・鳥・通・冬は線の本数や向きがあっていれば正かいです。

〔P.81〕

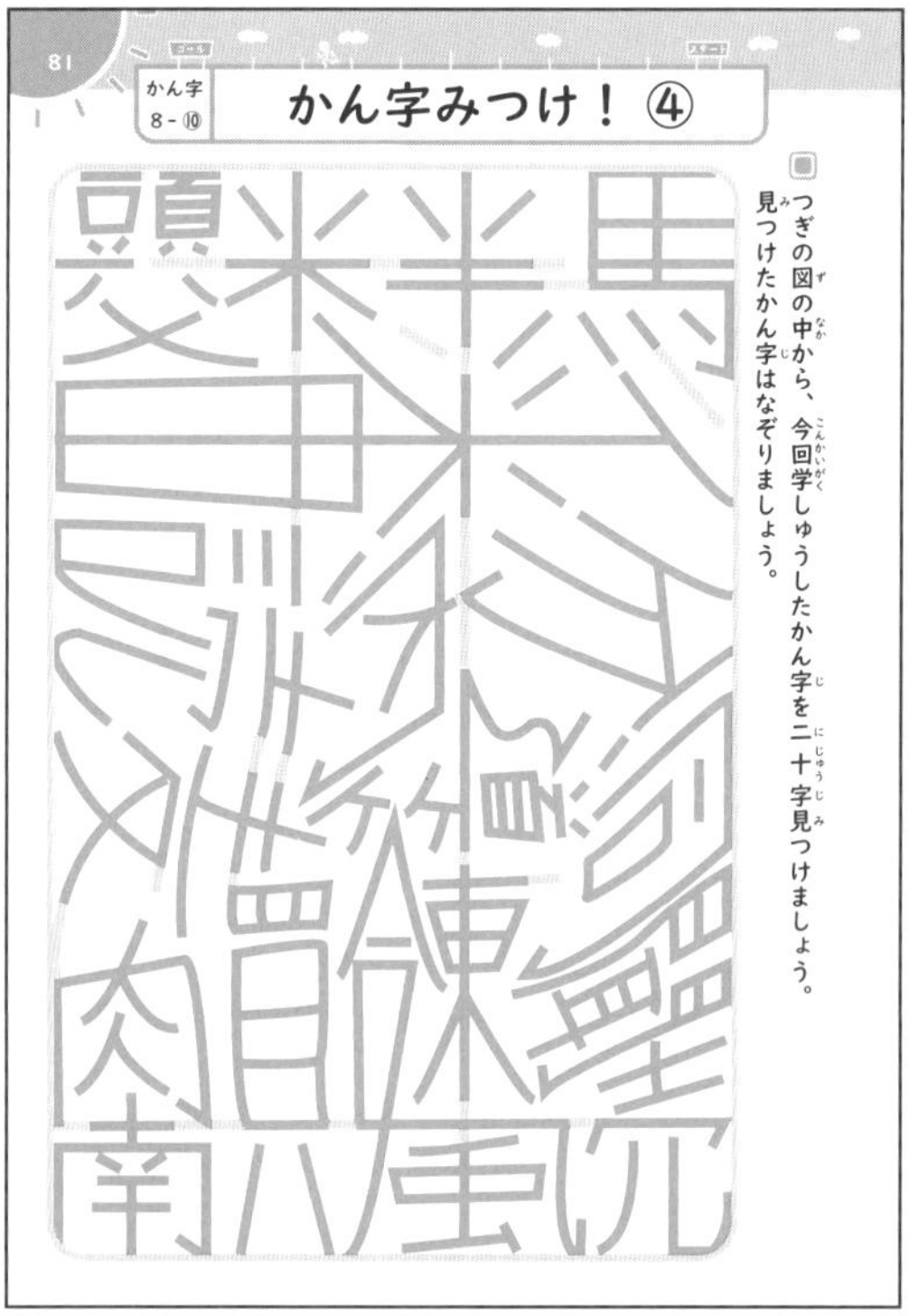

〔P.92〕

2年のふくしゅう①

① 引 ② 羽 ③ 雲 ④ 園 ⑤ 遠 ⑥ 何 ⑦ 科 ⑧ 夏 ⑨ 家 ⑩ 歌 ⑪ 画 ⑫ 回 ⑬ 会 ⑭ 海 ⑮ 絵 ⑯ 外 ⑰ 角 ⑱ 楽 ⑲ 活 ⑳ 間

〔P.93〕

2年のふくしゅう②

① 丸 ② 岩 ③ 顔 ④ 汽 ⑤ 記 ⑥ 帰 ⑦ 弓 ⑧ 牛 ⑨ 魚 ⑩ 京 ⑪ 強 ⑫ 教 ⑬ 近 ⑭ 兄 ⑮ 形 ⑯ 計 ⑰ 元 ⑱ 言 ⑲ 原 ⑳ 戸

〔P.94〕

2年のふくしゅう③

① 古 ② 午 ③ 後 ④ 語 ⑤ 工 ⑥ 公 ⑦ 広 ⑧ 交 ⑨ 光 ⑩ 考 ⑪ 行 ⑫ 高 ⑬ 黄 ⑭ 合 ⑮ 谷 ⑯ 国 ⑰ 黒 ⑱ 今 ⑲ 才 ⑳ 細

〔P.95〕

2年のふくしゅう④

① 作 ② 算 ③ 上 ④ 市 ⑤ 矢 ⑥ 姉 ⑦ 思 ⑧ 紙 ⑨ 寺 ⑩ 自 ⑪ 時 ⑫ 室 ⑬ 社 ⑭ 弱 ⑮ 首 ⑯ 秋 ⑰ 週 ⑱ 春 ⑲ 書 ⑳ 少

〔P.96〕

2年のふくしゅう⑤

① 場 ② 色 ③ 食 ④ 心 ⑤ 新 ⑥ 親 ⑦ 図 ⑧ 数 ⑨ 西 ⑩ 声 ⑪ 星 ⑫ 晴 ⑬ 切 ⑭ 雪 ⑮ 船 ⑯ 線 ⑰ 前 ⑱ 組 ⑲ 走 ⑳ 多

〔P.97〕

2年のふくしゅう⑥

① 太 ② 体 ③ 台 ④ 地 ⑤ 池 ⑥ 知 ⑦ 茶 ⑧ 昼 ⑨ 長 ⑩ 鳥 ⑪ 朝 ⑫ 直 ⑬ 通 ⑭ 弟 ⑮ 店 ⑯ 点 ⑰ 電 ⑱ 刀 ⑲ 冬 ⑳ 当

〔P.98〕

2年のふくしゅう⑦

① 東 ② 答 ③ 頭 ④ 同 ⑤ 道 ⑥ 読 ⑦ 内 ⑧ 南 ⑨ 肉 ⑩ 馬 ⑪ 売 ⑫ 買 ⑬ 麦 ⑭ 半 ⑮ 番 ⑯ 父 ⑰ 風 ⑱ 分 ⑲ 聞 ⑳ 米

〔P.99〕

2年のふくしゅう⑧

① 歩 ② 母 ③ 方 ④ 北 ⑤ 毎 ⑥ 妹 ⑦ 万 ⑧ 明 ⑨ 鳴 ⑩ 毛 ⑪ 門 ⑫ 夜 ⑬ 野 ⑭ 友 ⑮ 用 ⑯ 曜 ⑰ 来 ⑱ 里 ⑲ 理 ⑳ 話

いつのまにか、正しく書ける
なぞるだけ漢字 小学2年

2022年1月20日　第1刷発行
著　者　川岸雅詩
発行者　面屋尚志
発行所　フォーラム・A
〒530-0056　大阪市北区兎我野町15-13
TEL　06(6365)5606
FAX　06(6365)5607
振替　00970-3-127184

表　紙　畑佐　実
本　文　くまのくうた@
印　刷　尼崎印刷株式会社
製　本　株式会社高廣製本
制作編集　金井敬之・田邉光喜